Vorwort

Der Schwarzwald – unendliche Weiten. Das sind hohe Berge und tiefe Täler, große Städte und winzige Dörfchen, uralte Geschichte und modernste Lebensart – all das möchte von Ihnen entdeckt werden. Im größten deutschen Mittelgebirge gibt es aber noch viel mehr: etwa die einzige Gemeinde, die mit dem Vatikan gleichgesetzt wird, das eingemauerte Herz einer Prinzessin, den längsten Regenwurm der Welt und eine echte Ufolandebahn mit Rohkost-Restaurant. Dieses Buch möchte Ihnen einige – genauer 111 – der Orte des Schwarzwalds näherbringen. Und Sie haben die Möglichkeit, den meisten davon selbst einen Besuch abzustatten. Neben ungewöhnlichen Geschichten, wissenswerten Fakten und praktischen Tipps finden Sie im Anhang auch Kartenmaterial – im Schwarzwald ist das manchmal mehr wert als ein Navigationsgerät …

Natürlich lässt sich trefflich darüber streiten, wo genau der Schwarzwald anfängt und wo er endet. Wir haben beschlossen, bei der Grenzziehung nicht allzu päpstlich vorzugehen. Neben den meisten, ganz unbestreitbaren Schwarzwald-Orten kommen auch ein paar vor, die direkt angrenzen. Dabei gilt die Regel: Städte und Gemeinden, die sich auf dem Portal der übergeordneten Schwarzwaldtouristik präsentieren, dürfen auch in dieses Buch.

So lernen Sie die schönste Kurve Deutschlands kennen, trinken von der Quelle des Lebens – oder aus dem Schnapsbrunnen –, besuchen das Dorf der Störche oder wandeln auf den Spuren freiheitsliebender Revolutionäre. Ansonsten werden Sie von der Stadt erfahren, die komplett vergilben möchte oder von der Kirche, die durch einen bunt leuchtenden Jesus gerettet wurde. Superlative gibt es im Schwarzwald genug: sei es das größte WC der Welt, die älteste Linde oder die kleinste staatliche Schule. Nur bei einem Ort verraten wir Ihnen nicht, wo er ist: Er steht im Buch unter S wie »Streng geheim«, und wir hoffen inständig, dass Sie ihn nicht finden werden, dafür aber vielleicht Ihren eigenen streng geheimen Ort.

111 Orte

1___ Hutfabrik Sutterer | Achern
Schwarzwälder und Funkenmariechen | 10

2___ Der Badische Riesenregenwurm | Aitern
Der Kriecher auf dem Belchen | 12

3___ Die Orgelskulptur | Alpirsbach
Musik und Bier | 14

4___ Der höchste Raum des Schlosses | Altensteig
Hochzeit im Himmel | 16

5___ Die Thermalquelle | Bad Bellingen
Nur heißes Wasser! | 18

6___ Die Solbohrtürme | Bad Dürrheim
Hier dreht sich alles um das Salz | 20

7___ Der Luchspfad | Baden-Baden
Von Luchsen und vom Abluchsen | 22

8___ Das Hotel auf dem Hochblauen | Badenweiler
Der Charme vergangener Zeiten | 24

9___ Der alternative Wolf- und Bärenpark | Bad Rippoldsau-Schapbach
Heimat der Mutter von Problembär Bruno | 26

10___ Das Müllmuseum | Bad Säckingen-Wallbach
Schätze von der Deponie | 28

11___ Die Kabbalistische Lehrtafel | Bad Teinach-Zavelstein
Prinzessin Antonias eingemauertes Herz | 30

12___ Die Therme | Bad Wildbad
Wo Rossini baden ging | 32

13___ Das Sternedorf | Baiersbronn
Ein Märchen, sieben Sterne und 247 Finkbeiners | 34

14___ Die alte Murgtalstraße | Baiersbronn-Schönmünzach
Das Relikt | 36

15___ Die Sauschwänzlebahn | Blumberg
Mit einem Ort durch Zeit und Raum | 38

16___ Der japanische Garten | Bonndorf
… und das bemalte Schloss | 40

17___ Hotel Hofgut Sternen | Breitnau
Ein Bett für Marie Antoinette | 42

18___ Eintritt ins Höllental | Buchenbach-Himmelreich
Herausforderung für Gut und Böse | 44

19 — Hermann Hesses liebste Brücke | Calw
Kreisstadt mit Charme | 46

20 — Die Donauquelle | Donaueschingen
Wirklich? | 48

21 — Gear Valley | Eisenbach
Hier wird schon lange schnell geschaltet | 50

22 — Die Heimat des Schuttigs | Elzach
Schneckenhäuser am Kopf, Saublasen am Stock | 52

23 — Der Schnapsbrunnen | Elzach-Yach
… und die Siebenfelsen | 54

24 — Das Tagebucharchiv | Emmendingen
»Liebes Tagebuch …« | 56

25 — Krippena 2000 | Enzklösterle
Wo kein Hölzchen sicher ist | 58

26 — Die 1.000-jährige Linde | Ettlingen-Schluttenbach
Alter Baum, was nun? | 60

27 — Das höchstgelegene Museum im Schwarzwald | Feldberg
Schinken, Natur und schräge Bauten | 62

28 — Weihnachtsmannfreie Zone | Fluorn-Winzeln
Santa Claus muss draußen bleiben | 64

29 — Das Augustinum | Freiburg
Luxus für den Herbst des Lebens | 66

30 — Die Karzer | Freiburg
Der König des Zufalls | 68

31 — Turmstraße 18 | Freiburg
Das schmalste Haus der Stadt | 70

32 — Schlosshotel Waldlust | Freudenstadt
Das einstmals beste Haus am Ort | 72

33 — Das Deutsche Uhrenmuseum | Furtwangen
Zeitbombe für Studenten | 74

34 — Das Unimog-Museum | Gaggenau
Die Chance des Scheiterns | 76

35 — Das Rathaus | Gengenbach
Der größte Adventskalender der Welt | 78

36 — Das Naturerlebnisbad | Glatten
Ohne Chlor geht's auch | 80

37 — Die Schwarzwaldklinik | Glottertal
Ein fast vergessener Pilgerort | 82

38 — Das Feuerwehrhaus | Gottenheim
Treffpunkt der Wissenschaft | 84

39 — Rothaus Bier | Grafenhausen-Rothaus
Der Geschmack des Schwarzwalds | 86

40 — Der Schacht | Grenzach-Wyhlen
Klein Dubai oder Blue Lagoon | 88

41 — Die Kirche St. Georg | Gutach im Breisgau-Bleibach
Beliebter Totentanz | 90

42 — Der Balzer Herrgott | Gütenbach
Jesus wohnt im Baum | 92

43 — Der Salmen | Hartheim am Rhein
Shakespeares Abendmahl | 94

44 — Die Schwarzwald-Modelleisenbahn | Hausach
Großes im Kleinen | 96

45 — Der Klausenhof | Herrischried-Großherrischwand
Der älteste Bauernhof des Schwarzwalds | 98

46 — Das Hornberger Schießen | Hornberg
Minnesang, die Schwarzwaldbestie und das größte WC der Welt | 100

47 — Die Ufolandebahn | Ibach-Lindau
Wir sind bereit für ihre Ankunft! | 102

48 — Das Buswartehäusle | Ibach-Unteribach
Tee und Gummibärchen | 104

49 — Die Pferderennbahn | Iffezheim
Jockeys, Wetten und Blütenhüte | 106

50 — Der wärmste Ort Deutschlands | Ihringen
Ausspannen am Kaiserstuhl | 108

51 — Das Storchendorf | Kandern-Holzen
Adebars Heimat | 110

52 — Das Fließgewässer Taubergießen | Kappel-Grafenhausen
Paradiesische Schönheit zwischen den Nationen | 112

53 — Bibelheim Bethanien | Karlsbad-Langensteinbach
Warum eine Stadt zwei Bibelheime braucht | 114

54 — Die Passerelle | Kehl
Einheit und Trennung | 116

55 — Die Graffiti-Kirche | Kehl-Goldscheuer
Eine Gemeinde lebt auf | 118

56 — Der Nonnenmattweiher | Kleines Wiesental-Neuenweg
Baum oder nicht Baum? | 120

57 — Der alte jüdische Friedhof | Kuppenheim
Ein Ort der Stille | 122

58 — Süßes Löchle | Lahr
Das Café unter Denkmalschutz | 124

59 — Die Brücken in die Schweiz | Laufenburg
Nichts als Ärger mit den Übergängen | 126

60 — Die Mautstraße zur Sternwarte | Loffenau
Wo die Karlsruher Sterne sehen | 128

61 — Das Schneekreuz | Löffingen
Die Decke hält warm | 130

62 — Die Graffiti-Brücke | Lörrach
Die Lizenz zum Sprühen | 132

63 — Der Wiesenhof | Marxzell
300 PS mit Fünfganggetriebe | 134

64 — Die Deutsch-Französische Brigade | Müllheim
Wein, Maschinengewehr und Fraternité | 136

65 — Das Bienenkundemuseum | Münstertal-Obermünstertal
Süße Verführung | 138

66 — Die kleinste staatliche Schule im Schwarzwald | Münstertal-Stohren
»Setzen, ihr sechs!« | 140

67 — Die Kriegergrotte | Oberharmersbach-Zuwald
Lourdes im Gold | 142

68 — Die Mediathek | Oberkirch
Form ergänzt Funktion | 144

69 — Die Rüstungsindustrie | Oberndorf am Neckar
… oder Ballermann und Söhne | 146

70 — Der Bunker | Oberreichenbach
Wo Datenschutzexperten leuchtende Augen bekommen | 148

71 — Der Barbarastollen | Oberried
Hirnwindungen aus Zelluloid | 150

72 — Das Wandbild in der Innenstadt | Offenburg
Das revolutionäre Klassenzimmer | 152

73 — Roßbühl und Co | Oppenau
Paradies für Gleitschirmfreunde | 154

74 — Das Edelfrauengrab | Ottenhöfen
Nach dem Grab geht's zum Grat | 156

75 — Die Baumwelten | Pfalzgrafenweiler
Der Wald steht Kopf | 158

76 — Der Kupferhammer | Pforzheim
Der Einstieg in den Westweg | 160

77 — Die Einsiedelner Kapelle | Rastatt
Der Dank einer großen Staatsfrau | 162

78 — Die Grimmelshausenstadt | Renchen
… und andere Aspiranten | 164

79 — Der Leopoldskanal | Riegel am Kaiserstuhl
Entwicklungshilfe fürs Aktuelle Sportstudio | 166

80 — Die Rottweiler-Statue | Rottweil
Hundefreuden in der ältesten Stadt | 168

81 — Die astronomische Kunstuhr | Schiltach
Saturns Rache | 170

82 — Die Heimat der Stromrebellen | Schönau im Schwarzwald
Ein Städtchen macht in Strom | 172

83 — Der Eichener See | Schopfheim-Eichen
… der meist kein Wasser hat | 174

84 — Die Chäs-Chuchi | Schopfheim-Gersbach
Aller Käse selbst gemacht | 176

85 — Die Quelle des Lebens | Schramberg-Heiligenbronn
Wasser unterm Gnadenbild | 178

86 — Das Straßenkreuz auf dem Streitberg | Schuttertal-Schweighausen
… und ein spukender Abt im Dreieck | 180

87 — Die Schlacht von Dossenbach | Schwörstadt-Dossenbach
Freiheit – das Einzige, was zählt | 182

88 — Der schwärzeste Ort im Schwarzwald | Seebach
… oder der blauste? | 184

89 — Die Zweribachwasserfälle | Simonswald-Wildgutach
Hoch, hoch hinaus | 186

90 — Die zerrissene Stadt | Staufen
… in der schon Goethes Faust ums Leben kam | 188

91 — Der Dom | St. Blasien
Weißer Marmor im schwarzen Wald | 190

92 — Die Urangrube und die Fürstenmaler | St. Blasien-Menzenschwand
Tourismus siegt über Bodenschätze | 192

93 — Der Bahnhof | St. Georgen
Der Höhepunkt der Schwarzwaldbahn mit 39 Tunneln | 194

94 — Die Schwarzwälder Füchse | St. Märgen
Hoch zu Ross | 196

95 — Der Beckesepp | St. Peter
Schwarzwälder Kirschkuchen in der Dose | 198

96 — Der Pilzplatz | Streng geheim
… den niemand verraten wird | 200

97 — Die Gutachtalbrücke | Titisee-Neustadt
Die höchste Brücke des Schwarzwalds | 202

98 — Neustadt in Gelb | Titisee-Neustadt
Hello Yellow! | 204

99 — Die Wallfahrtskirche | Todtmoos
Alles für den Tourismus | 206

100 — Der Notschrei | Todtnau
Wer laut brüllt, bekommt die schönste Straße | 208

101 — Die größte Kuckucksuhr der Welt | Triberg
Achtung! Ein Mordsvogel! | 210

102 — Treppenwinkel im Kloster Riedern | Ühlingen-Birkendorf-Riedern am Wald
Ein Eckchen für die Kultur | 212

103 — Der Magdalenenberg | Villingen-Schwenningen
Kelten, Hexen und die NASA | 214

104 — Die Bassgeigenkurve | Vogtsburg-Oberbergen
Runder Abgang in Deutschlands schönster Kurve | 216

105 — Die Talsperre | Vöhrenbach
Eine Wand unter Denkmalschutz | 218

106 — Freistaat Enkendorf | Wehr
Klein, aber fein | 220

107 — Café Inka | Weil am Rhein-Ötlingen
Ein glanzvoller Wandbehang | 222

108 — Das Rosendorf | Weilheim-Nöggenschwiel
Ideen muss man haben … | 224

109 — Katz GmbH & Co. KG | Weisenbach
Der größte Bierdeckelhersteller der Welt | 226

110 — Die Mineralienhalde der Grube Clara | Wolfach
Wer sucht, der findet | 228

111 — Die Porzellanfabrik | Zell am Harmersbach
Wo sich Hahn und Henne Gute Nacht sagen | 230

ACHERN

1 Hutfabrik Sutterer
Schwarzwälder und Funkenmariechen

Und es gibt ihn doch: *den* Schwarzwälder Hut. Gemeint ist nicht der Bollenhut, auf den man sich nach langem Ringen als Touristiklogo für den ganzen Schwarzwald geeinigt hat. Der sogar über die Landesgrenzen hinaus getragene »Schwarzwälder« nimmt sich viel bescheidener aus. Im Gegensatz zu dem ausladenden Bollenhut mit seinen 15 signalroten Bommeln ziert der »Schwarzwälder« seine Träger in schlichtem Schwarz. Lokal wird er nur leicht abgewandelt: So trägt man ihn im Renchtal mit breiterem Rand, dafür flacherem Kopf, im Hanauerland und im Elsass mit breitem Rand, ohne Kante und oben eingedrückt.

50 bis 80 Exemplare im Jahr stellt die Hutfabrik Sutterer für Musik- und Trachtengruppen und als Einzelanfertigungen her. Die Kunden bestellen ihren »Schwarzwälder« mal mit einer roten und schwarzen Kirsche angesteckt, mal zieren grüne Erikazweige oder eine Satin-Garnitur den Hut. Die »Stammesgruppen« unterscheiden sich also nur durch kleine Details. Das zeigt auch gleich, dass der »Schwarzwälder« ein reiner Männerhut ist. Die mögen es bekanntlich nicht so kompliziert in Modefragen.

Seit 1925 gibt es das Traditionshaus mit Produktionsstätte und Ladengeschäft in Achern. Immer wieder wurde erweitert und modernisiert. Auch das Sortiment ist modischen Wandlungen unterworfen. Die klassische Damenhutkollektion kommt mit viel Kreativ- und Arbeitsaufwand jede Saison neu heraus, trifft aber preislich auf die harte Konkurrenz der Kaufhausmassenware. Ein gutes Geschäft bringt die Fasnacht, da kommen schon mal die Funkenmariechen aus Köln angefahren.

Zur Frage nach dem Bollenhut winkt Chef Uwe Sutterer ab. Viel zu umständlich wäre das, zig Arbeitsstunden steckten in einem echten Schwarzwaldmädelhut. Aber auch seine Hüte entstehen in reiner Handarbeit, worauf er sichtlich stolz ist: vom edlen Seidenzylinder in Chapeau-Claque-Optik bis hin zum Modell »Fluch der Karibik«.

Adresse Allerheiligenstraße 51, 77855 Achern | **Anfahrt** Die Allerheiligenstraße trifft in der Innenstadt auf die Hauptstraße Acherns. Von dort sind es etwa 700 Meter bis zur Hutfabrik. | **Tipp** Kreativ aktiv wird man in Achern in den Illenau-Werkstätten: Neben zahlreichen Kursen in Handwerk, Technik, Kunst und Bewegung können die Werkstätten auch für Kindergeburtstage gemietet werden, Tel. 07841/6038687, www.illenau-werkstaetten.de.

2 Der Badische Riesenregenwurm

Der Kriecher auf dem Belchen

Möchte ein Badener Ihnen seinen Riesenregenwurm zeigen, muss keine dumme Anmache dahinterstecken. Tatsächlich gibt es ihn: Ein feuchtes, glitschiges Wesen, das die meiste Zeit in der Dunkelheit seines Baus verbringt. Den Badischen Riesenregenwurm gibt es nur bei Aitern, das sich an den Berghang des Belchen schmiegt, mit 1.414 Metern die vierthöchste Erhebung des Schwarzwalds. Ob er wirklich der schönste Aussichtsberg in Baden-Württemberg ist, wie Tourismusexperten betonen, weiß nur, wer alle Aussichtsberge besucht hat.

Dem »Lumbricus badensis« jedenfalls scheint – wie Zigtausenden von Besuchern – der Blick über Schwarzwald, Rheintal, Vogesen und das wundervolle Alpenpanorama zu gefallen. Das längste bisher gefundene Tier erreichte sage und schreibe 64 Zentimeter. Die Würmlinge leben in Erdlöchern, die bis zu 2,50 Metern tief in die Erde reichen sollen. Sie ähneln bis auf Länge und Dicke ihren »normalen« Verwandten, fallen außerdem durch ein ungefärbtes Hinterteil und ausgeprägte Ringbildung auf. Menschen, die Milch nur aus der Tüte kennen, verwechseln den Badischen Riesenregenwurm gerne mit einer Blindschleiche. Ihnen – aber auch dem interessierten Naturkundler – sei der Regenwurmlehrpfad empfohlen, der bei der Talstation der Belchenseilbahn beginnt, übrigens dieselbe, die im Jahr 2000 Besucher der Expo in Hannover herumgegondelt hat. »Von Kindern erdacht, für Kinder gemacht« ist der Lehrpfad, aber auch ohne die Racker macht es Spaß, die zahlreichen Stationen zu erkunden.

Hat sich bei dem etwa einstündigen Rundgang kein Riesenregenwurm gezeigt, hat man durchaus ganz oben auf dem Berg Chancen. Das fotografierte Exemplar kämpfte sich auf etwa 1.380 Höhenmetern über den stark frequentierten Pfad zum Gipfel. Bei so einem außerordentlichen Gesellen findet auch ein Erwachsener seine kindliche Seite wieder – und hilft dem Kriecher über die Straße.

Adresse Obermulten 5, 79677 Aitern (Talstation der Belchenseilbahn, der Lehrpfad beginnt in unmittelbarer Nähe der Station) | **Anfahrt** A 5, Ausfahrt Bad Krozingen in Richtung Staufen – Münstertal bis zur Passhöhe Wiedener Eck, ab dort beschildert. Aus Richtung Basel oder Titisee-Neustadt über die B 317 in Richtung Schönau. Nördlich von Schönau beginnt die Beschilderung »Belchen-Seilbahn«. | **Öffnungszeiten** Seilbahn: ganzjährig täglich 9.15 – 17 Uhr, www.belchen-seilbahn.de | **Tipp** Per Gondel kann man wunderbar den Höhenunterschied von 263 Metern überwinden. Im Sommer genügt eine einfache Fahrt, weil man einen der schönen Wege bergauf oder bergab zu Fuß wählen sollte.

3 — Die Orgelskulptur
Musik und Bier

Die Begeisterung der evangelischen Kirchengemeinde Alpirsbach für ihre 1960er-Jahre-Orgel in der Klosterkirche hielt sich in Grenzen. Etwas Neues, Besseres sollte her. Zum Wunsch der klanglichen Verbesserung gesellte sich ein weiterer Aspekt: die unterschiedliche Nutzbarkeit im Kirchenraum. Der Auftrag ging an Orgelbaumeister Claudius Winterhalter, der eine bewegliche Orgel als Klangsäule kreierte. Ein kühner Plan, wenn man sich Gewicht und Größe solcher Orgeln vor Augen führt.

Die Gemeinde gab sich christlich bescheiden: Die Luftkissentechnik, mit der man schweres Gerät leicht bewegen kann, sei in der Industrie gang und gäbe. Dank der Zusammenarbeit mit dem Bildhauer Armin Göhringer entstand 2008 mit der kompakten, passend in den hohen sakralen Raum aufschießenden Orgelskulptur die erste mobile Orgel Deutschlands. Auf vier mal vier Metern Grundfläche reicht sie elf Meter in die Höhe. Frei im Raum stehend punktet sie mit ihrem eleganten Erscheinungsbild und besticht mit raffinierter Klangtechnik. Bach kann genauso gespielt und genossen werden, wie Werke der Romantik und Moderne. Die Orgel machte im Gottesdienst und in Konzerten eine so gute Figur an ihrem »Stammplatz« im Südflügel, dass sie mit ihren 16 Tonnen Gewicht im letzten Jahr nur einmal in die Mitte des Kirchenraums bewegt wurde.

Ansonsten ist Alpirsbach wegen seines Klosterbräus berühmt, das nicht von Mönchen hergestellt wird, auch wenn eine Wandmalerei am Brauereigebäude und das Etikett mit dem pausbäckigen Mönch dies gern glauben machen möchten. Seit 1556 ist das Kloster nämlich keines mehr. Ende des 19. Jahrhunderts kaufte Brauereigründer Carl Albert Glauner große Teile des Klosters, um in dem alten Gemäuer Bier zu brauen. Und so findet man auf dem Gelände neben dem Kloster- und dem Brauereimuseum auch einen Klosterbräu-Laden. Für ganz Mutige gibt es dort auch Sets zum Selbstbrauen.

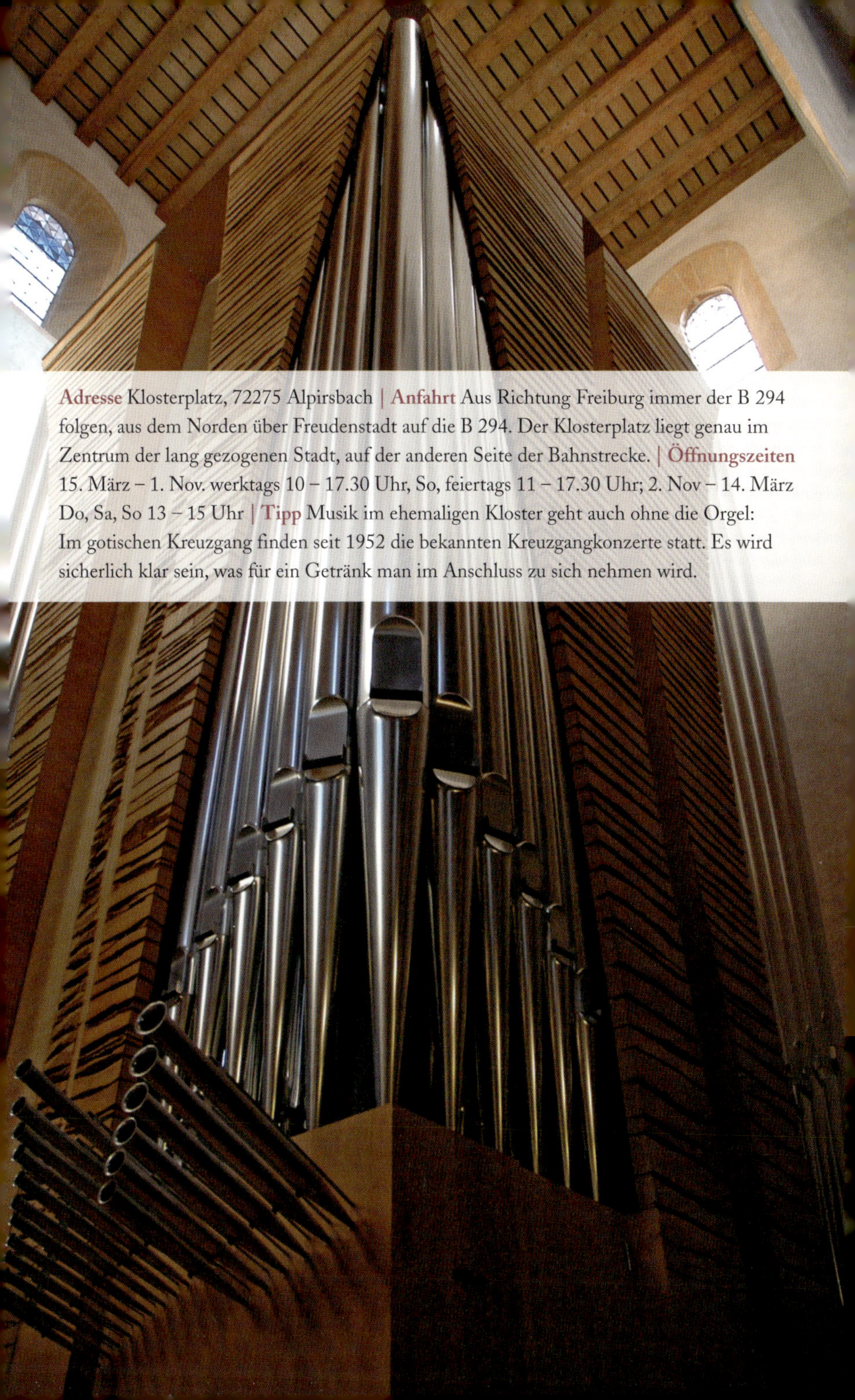

Adresse Klosterplatz, 72275 Alpirsbach | **Anfahrt** Aus Richtung Freiburg immer der B 294 folgen, aus dem Norden über Freudenstadt auf die B 294. Der Klosterplatz liegt genau im Zentrum der lang gezogenen Stadt, auf der anderen Seite der Bahnstrecke. | **Öffnungszeiten** 15. März – 1. Nov. werktags 10 – 17.30 Uhr, So, feiertags 11 – 17.30 Uhr; 2. Nov – 14. März Do, Sa, So 13 – 15 Uhr | **Tipp** Musik im ehemaligen Kloster geht auch ohne die Orgel: Im gotischen Kreuzgang finden seit 1952 die bekannten Kreuzgangkonzerte statt. Es wird sicherlich klar sein, was für ein Getränk man im Anschluss zu sich nehmen wird.

ALTENSTEIG

4 Der höchste Raum des Schlosses
Hochzeit im Himmel

Heiratswilligen auf der Jagd nach dem romantischsten Hochzeitsort kann geholfen werden. In Altensteig, am Oberlauf der Nagold, nur 50 Kilometer von Stuttgart entfernt, gibt man sich direkt im »Himmel« das Jawort. Schon bei der Anreise bietet sich das Städtchen mit einer Postkartenkulisse an, die bereits die Lufthansa zu Werbezwecken nutzte, um Amerikanern Deutschland schmackhaft zu machen. Die gesamte Altstadt steht unter Denkmalschutz, und wer die steilen Pflasterstein-Gassen rauf und runter kraxelt, den belohnen unzählige, gut erhaltene Fachwerkhäuser. Über allem thront das Schloss: erst mittelalterliche Burg, später vom »schwäbischen Leonardo«, dem württembergischen Hofbaumeister Heinrich Schickhardt, zum Schloss erweitert. Ein Wehrturm der alten Anlage wird Himmel genannt, und dort hält das Standesamt Hof, allerdings nur in den Sommermonaten, da das historische Zimmer nicht gut beheizt werden kann. Im siebten Himmel kann man sich hier wegen des Blicks auf die Altstadt und des romantischen Flairs fühlen. Die Hölle ist dennoch nah. Gestresste Heiratsplaner wissen das. Vor Ort aber in Gestalt des zweiten Wehrturmes. Der fungierte vormals als grausiges Gefängnis. Noch heute kann man einen Blick in das tiefe schwarze Loch werfen, in das früher jeder, egal welchen Verbrechens er sich schuldig gemacht hatte, geworfen wurde. Da kam den Einheimischen der andere Turm wie der Himmel vor, denn er wurde als beheiztes Wächterhäuschen genutzt.

Wer denkt, romantischer geht es nicht, sollte an Heiligabend nach Altensteig kommen. Auf Hällesberg und Schlossberg zünden die Fackler beim »Sechseläuten« riesige Holztürme an. Der Schein der Holzstöße und zig Tragfackeln tauchen die alte Stadt in goldenes Licht und leiten die Weihnachtsfeiertage ein. Mehr über diesen spektakulären Brauch lernt man im Schloss-Museum, das auf vier Ebenen einen großen Überblick über Altensteig bietet.

Adresse Kirchstraße 11, 72213 Altensteig | **Anfahrt** B 28 durch Altensteig, zur Altstadt biegt man in die Karlstraße ab, nach der 2. scharfen Kurve rechts in die Welkerstraße, wo es Parkplätze gibt | **Öffnungszeiten** Museum: Mi 14 – 16 Uhr, So 14 – 17 Uhr | **Tipp** An der Straße nach Egenhausen gibt es eine Aussichtsplattform, von der aus man einen schönen Blick auf die gesamte Altstadt hat. Die Aussicht lohnt sich auch nachts, wenn die Altstadt beleuchtet ist.

5 Die Thermalquelle
Nur heißes Wasser!

Die Enttäuschung war unvorstellbar groß. Kriegsgebeutelt und buchstäblich am Boden zerstört, ließ man auf den Gemeindeflächen Bad Bellingens in den 1950er Jahren nach Öl bohren. Die Bad Bellinger wollten mit Hilfe des schwarzen Goldes in Geld schwimmen. Doch 36 Grad warmes Wasser war das Einzige, was aus dem Bohrloch sprudelte – auf Erdöl stieß man nicht. Zutiefst gefrustet ließ man das soeben gebohrte Loch gleich wieder verschließen. Da war es auch egal, ob das Wasser von einer Heilquelle stammte oder nicht.

Doch aus dem Unglücksfund erwuchs schließlich doch noch eine wahre Goldgrube: Das kleine Winzerdorf Bellingen mauserte sich zu einem angesehenen Kurort, und die Kur- und Badelandschaft wird bis heute gepflegt und ausgebaut. Mittlerweile speist sie sich aus vier Natrium-Calcium-Chlorid-Thermen mit Temperaturen von über 35 Grad Celsius. Die Heil- und Verwöhnanwendungen sind international geworden: Man geht in den türkischen Hamam, erholt sich in einer separaten Grotte mitten im Salz des Toten Meeres oder lässt sich durch Ayurveda und Yoga entspannen. Hier findet deutsch-französische Verständigung ganz unverkrampft statt, denn für das Bad in direkter Grenznähe erwärmen sich nicht nur Bewohner und Touristen, sondern auch die linksrheinischen Nachbarn. Als die Gemeinde das Bohrloch 1956 wieder öffnete, floss das erste Heilwasser in einen alten Weinbottich, den man herbeigeschafft hatte, und der nun mit zahlreichen anderen Exponaten im Oberrheinischen Bädermuseum im Ortsteil Bamlach ausgestellt ist. Dort kann man auch entdecken, dass das genussvolle und medizinische Baden in der Region grenzüberschreitend auf eine bedeutend längere Tradition zurückblicken kann als Südbaden als Ölstandort. Wäre die Hoffnung aufgegangen, auf eine Ölquelle zu stoßen, es gäbe das so anziehende Markgräflerland rund um Bad Bellingen in seiner heutigen Form wohl nicht.

Adresse Badstraße, 79415 Bad Bellingen | **Anfahrt** A 5, Ausfahrt Bad Bellingen, nach links abbiegen und der Straße etwa 7 Kilometer folgen, rechts abbiegen nach Bad Bellingen und gleich wieder rechts zur Balinea-Therme. Dort gibt es ausreichend Parkplätze. | **Öffnungszeiten** April – Okt. 8 – 22 Uhr, Nov. – März 9 – 22 Uhr | **Tipp** Der Kurbereich und die Oberstadt werden durch einen Aufzug miteinander verbunden. Oben kann man sich nach dem Baden in mehreren Gasthöfen stärken.

6 — Die Solbohrtürme
Hier dreht sich alles um das Salz

Ob da jemand vom Regierungspräsidium Freiburg die Stadt Bad Dürrheim nicht mag? Während die Behörde bei der Internetpräsentation die in ihrem Geltungsbereich liegenden Kommunen meist mit ihren Wahrzeichen fotografisch ansprechend vorstellt, sieht das bei Bad Dürrheim ganz anders aus: Ausgerechnet ein Bild von der Autobahn mit Infoschild bei Schmuddelwetter hat man zur Präsentation der Stadt ausgewählt, die damit wirbt, mehr Sonnenstunden als Meran zu haben. Dazu eine erstklassige Hochlage und ganz viel Salz. 1822 entdeckte man einen Salzstock von erheblicher Qualität. Die Sole mit einem Salzgehalt von 27 Prozent wird seit 1823 gefördert, um in der Saline in großen Siedepfannen zu Speisesalz und Industriesalz zu werden. Seit 1851 wird die Sole für den Badebetrieb genutzt und ist heute Basis einer großen Touristikindustrie. Denn gesünder geht's kaum als mit dem Doppelprädikat »Sole-Heilbad« und »Heilklimatischer Kurort der Premium Klasse«. Titel, die sich die Stadt in der Mitte der Baarhochmulde jedes Jahr neu verdienen muss.

In die alte Salinenförderanlage bei den Sportplätzen und dem Freibad zogen das Jugendhaus mit Jugendcafé und Kunstschule und die Narrenzunft. Sie teilen sich bisher einen Bohrturm. Der zweite Turm wartet noch auf eine neue Nutzung. Zudem rief sich die gesamte Stadt als »Club« aus. Da bleibt kein Kurgast unbeschäftigt. Ein Animationsteam steht für Wanderungen und Sport bereit und spielt sogar als Musicalgruppe einmal pro Woche auf. Die Gastronomie bietet spezielle »Club-Menüs«, und die Kaufleute der Stadt locken mit »Club-Angeboten«.

Interessant ist das Klima in dem Kurort mit dem höchstgelegenen Solebad Europas auch für professionelle Wetterfrösche. Die ARD-Wetterstation mit Studio im Teilort Öfingen kennt man sogar aus dem Fernsehen. Alle zwei Wochen öffnen die Meteorologen ihren Arbeitsplatz einem breiten Publikum und bieten Führungen an.

Adresse Alleenweg, 78073 Bad Dürrheim | **Anfahrt** Bad Dürrheim liegt an der B 27/B 33 zwischen Donaueschingen und Villingen-Schwenningen. 100 Meter nach der südlichen Ausfahrt links abbiegen auf die Salinenstraße, wieder links in den Alleenweg, ausreichend Parkplätze vorhanden. | **Tipp** Im etwa einen Kilometer entfernten »Narrenschopf« im Kurpark kann man auf mehr als 1.000 Quadratmetern über 400 verschiedene Narrenkleider aus 71 Orten im südlichen Baden-Württemberg und der alemannischen Schweiz bewundern. Täglich von 14 bis 17.30 Uhr, an Sonn- und Feiertagen bereits ab 10 Uhr geöffnet.

7 Der Luchspfad
Von Luchsen und vom Abluchsen

Dieser Dialog wurde genau so am Schalter der Spielbank Baden-Baden mitgehört. Sie: »Was? Nur 5.000 Euro?« Er: »Wenn wir morgen wieder hier sind, kannst du mehr eintauschen.« Aber auch mit kleinem Geld macht es Spaß, durch den edelsten aller Zockerläden zu schlendern und ein Spiel zu wagen.

Noch heute wirbt die Spielbank Baden-Baden mit einem Ausspruch Marlene Dietrichs, die das Casino kurzerhand zum schönsten der Welt kürte. Das Gästebuch legt Zeugnis ab von den illustren Gästen aus der ganzen Welt. Erhalten hat sich der Glamour in den prachtvoll konzipierten und luxuriös ausgestatteten Räumen von 1855 sehr wohl. Das Ambiente des Ensembles aus zwei Sälen, einem Wintergarten und dem Salon Pompadour bringt den Besucher noch heute zum Staunen. Mittlerweile finden zur Unterhaltung der Gäste neben dem Spielbetrieb ABBA-Revival-Shows und Karaoke-Abende statt. Die meisten Bediensteten sprechen fließend Russisch. Auf das Mitführen des Personalausweises achtet der Empfang strenger als auf eine angemessene Garderobe der Gäste.

Die Kleiderordnung auf dem Luchspfad über der Stadt wiederum ist eine vollkommen andere. Da streifen Familien mit Rucksack und Gummistiefeln die von Bächen durchzogenen schmalen Pfade entlang. Die einzigen Luchse, denen man oben auf dem Plättig begegnet, sind allerdings Pappkameraden. Dem letzten echten freilebenden Luchs ging es um 1850 bei Kaltenbronn an den Kragen. Der Naturschutzbund Deutschland hat sich zum Ziel gesetzt, das »Pinselohr« wieder im Schwarzwald heimisch zu machen. In Zusammenarbeit mit der Stadt Baden-Baden entstand 2009 der vier Kilometer lange Wanderweg rund um den Luchs. Vorurteile und Ängste sollen spielerisch abgebaut werden, um die Chance für ein Luchsrevival zu erhöhen.

Übrigens: Die 50 Euro, die das Autorenteam im Casino einsetzte, waren ihm nach 15 Minuten abgeluchst. Den Luchspfad abzugehen dauerte 3,5 Stunden.

Adresse Casino: Kaiserallee 1, 76530 Baden-Baden; Luchspfad: An der B 500 | **Anfahrt** A 5, Ausfahrt Baden-Baden; Luchspfad: über die Schwarzwaldhochstraße (B 500), von Baden-Baden aus circa 15 Kilometer, gegenüber dem Hotel Plättig parken | **Tipp** In der Kuranlage sollte man sich die aufwendig gestaltete Trinkhalle nicht entgehen lassen. Im Innenraum kann man sich ein Plastikbecherchen mit dem warmen Heilwasser aus der Friedrichsquelle zapfen. Das salzige Wasser hat einen etwas abgestandenen und schalen Nachgeschmack, wovon die angegliederte Gastronomie profitiert.

BADENWEILER

8 Das Hotel auf dem Hochblauen

Der Charme vergangener Zeiten

Schon die Auffahrt auf den 1.165 Meter hohen Hochblauen bietet durch die Baumwipfel hindurch wundervolle Ausblicke. Aber ganz oben erwartet den Besucher an klaren Tagen eine atemberaubende Aussicht – Alpenblick inklusive. Auf dem Gipfel steht ein Hotel, das es in sich hat. Das Berghotel Hochblauen ist Imbiss, Café, Restaurant, Raststätte, Ausgangspunkt für Wanderungen und Hotel zugleich, auch wenn der Lack etwas ab zu sein scheint. Der Putz des Gebäudes ist nicht das Einzige, was im Laufe der Zeit gelitten hat. Und doch verströmt das Hotel einen ganz eigenen Charme, dem mehr und mehr Wanderer des Westwegs gern erliegen. Ja, der Westweg, der in Pforzheim beginnt (siehe Seite 160) verläuft mit seiner westlichen Route über den Hochblauen. Müde Wanderer gibt es also genug. Die essen im Restaurant – manchmal steht das Schild: »Heute Selbstbedienung« draußen – und kommen in Räumen unter, deren Möblierung teilweise noch aus den 1950er und 1960er Jahren stammt. Da ist das Furnier des Schranks schon einmal abgegriffen, die Stoffbezüge der Nachttischlämpchen vergilbt.

Fabelhaft sind die originalen Tapeten: Im ersten Stock zieren Rosen die Wände, in der zweiten Etage grazile Vögelchen. Eine Kaktee steht als pflanzliche Zierde auf einer Anrichte im Flur. Hier sind die 1950er Jahre noch lebendig.

Die neuen Besitzer haben sich allerdings einiges vorgenommen mit dem Berghaus. Die wirklich maroden Fenster sollen erneuert werden, die Teppiche, die weder den Charme vergangener Zeiten aufweisen noch modernen Ansprüchen genügen, werden nach und nach in den 14 Zimmern ersetzt. Allerdings zeigen sich viele der Wanderer so begeistert von dem unfreiwillig retrospektiven Design, dass man beschlossen hat, ein paar der Räume im Originalstil neu erstrahlen zu lassen.

Adresse Hochblauenstraße 1, 79410 Badenweiler | **Anfahrt** von Badenweiler auf die L 140 und der Beschilderung »Hochblauen« folgen, man kann direkt bis vor das Hotel fahren, in den Sommermonaten gibt es einen Bus, Infos über die Fahrzeiten im Hotel, Tel. 07632/388 | **Öffnungszeiten** Hotel und Restaurant Do – Mo bis 22 Uhr, Di, Mi bis 18 Uhr | **Tipp** In Badenweiler ist neben der Ruine der Burg Baden auch die Römische Badruine einen Besuch wert. Ganz sinnlich wird es im »Park der Sinne«, der unterhaltsame und hintergründige Installationen bietet, an denen Jung und Alt ihre Freude haben werden.

9_ Der alternative Wolf- und Bärenpark

Heimat der Mutter von Problembär Bruno

Schapi interessiert sich kein Stück für die Besucher, die ihn durch den Metallzaun anstarren. Der europäische Braunbär ist auf Futtersuche, kaum fünf Meter von einer Familie entfernt, deren Kinder das Tier ehrfürchtig bestaunen. Was sie nicht wissen: Schapi ist blind. Aber seine gute Nase hilft ihm, die eine oder andere Leckerei zu finden.

Das weitläufige Gelände in Bad Rippoldsau-Schapbach ist kein Tiergarten, kein Tierpark, sondern ein Tierschutzprojekt. Bären und Wölfe leben in mehreren Gehegen. Die Wölfe stammen aus einem Park, wo der Leitwolf eines Rudels gestorben und es dann zu heftigen Rangkämpfen gekommen war. Mit den vier Umzüglern kehrten die Wölfe ins Wolftal zurück. Die acht Bären stammen aus nicht artgerechten Haltungen und Zirkussen. Dazu gehört auch Jurka, die Mutter von Problembär Bruno, der 2006 in Bayern zum Abschuss freigegeben worden war. Bei der Eröffnung im Jahr 2010 wirkte Jurkas Anwesenheit wie ein Magnet auf Medien und Besucher. Dabei war der Weg bis zu dieser Eröffnung steinig. Die Stiftung für Bären ist gemeinsam mit dem Förderverein des alternativen Wolf- und Bärenparks für den Park verantwortlich. Sie haben mit etlichen ehrenamtlichen Helfern die Gehege selbst angelegt. Man ist auf Spenden angewiesen, um weitere Bären oder Wölfe retten zu können. Dafür kann man regelmäßig oder einmalig einen beliebigen Betrag als Patenschaft für sein Lieblingstier geben.

Die Bärenfreunde zeigen Schulklassen, wie sie sich für Natur- und Tierschutz einsetzen können, und bieten der ganzen Region einen touristischen Höhepunkt. Die Tiere lassen sich gut beobachten, die Mitarbeiter nehmen sich Zeit, alles zu erklären, auch woher die Bären kommen. Der blinde Schapi etwa lebte 15 Jahre lang mit zwei Brüdern in einer Lkw-Garage, bevor die Tierfreunde aus Schapbach dafür sorgten, dass die drei jetzt endlich Gras unter ihren Tatzen spüren.

Adresse Rippoldsauer Straße 36/1, 77776 Bad Rippoldsau-Schapbach | **Anfahrt** Zwischen Bad Rippoldsau und Schapbach verläuft die L 96, etwa auf der Hälfte der Strecke findet sich der ausgeschilderte große Parkplatz, von dem aus man zum Park gelangt. | **Öffnungszeiten** täglich 10 – 18 Uhr, im Winter bis 16 Uhr | **Tipp** Die Tierschützer beginnen, Wölfe und Bären zusammenzubringen. Vielleicht werden Sie Zeuge einer solchen Begegnung.

BAD SÄCKINGEN-WALLBACH

10 Das Müllmuseum
Schätze von der Deponie

»Das kenn ich!« und »Schau mal, so etwas hatten wir auch zu Hause!« sind zwei beliebte Ausrufe beim Durchforsten des Müllmuseums in Wallbach. Manch einer bleibt gleich hinter der Eingangstür an der ersten Vitrine stecken und staunt über eine Laterna magica und uralte Fotoapparate. Dabei gibt es in dem verwinkelten Haus viel zu entdecken. Über Holzstiegen gelangt man von einem Zwischengeschoss ins nächste. Auf dem Weg zum Museumscafé kann man auch Kinderaugen zum Leuchten bringen. Für eine kleine Spende erwacht eine Puppenkirmes mit Karussell, Schifferschaukel und Schießstand zum Leben.

Kaum zu glauben, dass all diese Exponate auf dem Müll gefunden wurden. Genauer gesagt auf der Deponie Lachengraben. Dort arbeitete Erich Thomann als Baggerfahrer. Mit einem alten Teddy, der ihm zu leidtat, um ihn einfach mit dem Bagger zu überfahren, fing die Sammelleidenschaft an. Von da an brachte er fast jeden Tag etwas mit nach Hause – zur Freude der Kinder und seiner Frau, die auch Spaß an den weggeworfenen Sachen bekam. Sie säuberte sie und setzte sie wieder instand. Gesammelt wurde alles von der Strickliesel über Schuhmacherwerkzeug bis hin zu einem riesigen Harmonium.

Bei Thomanns strahlen die in Jahrzehnten zusammengetragenen Schätze in neuem Licht. Die Familie hat liebevoll und professionell verschiedene Themenräume in der umgebauten Scheune geschaffen. Ältestes Exponat ist eine »Schaffhauser Bibel« aus dem Jahre 1743. In einem anderen Raum steht ein Radioturm mit zig alten Radios, dazu dudelt passende 50er-Jahre-Musik vor sich hin. Man staunt immer wieder, was alles weggeworfen wurde.

Im Café kann man bei leckeren, selbst gemachten Kuchen die Eindrücke verarbeiten und über die Exponate schwatzen. Viele davon bleiben dem Besucher aber verborgen. Sie lagern nämlich in einer riesigen Scheune als »Nachschub« für das einzige Müllmuseum des Schwarzwalds.

Adresse Hauptstraße 162, 79713 Bad Säckingen-Wallbach | **Anfahrt** von Bad Säckingen über die B 34 Richtung Rheinfelden, Ausfahrt Wallbach | **Öffnungszeiten** Do 15 – 17 Uhr, So 14 – 17 Uhr | **Tipp** Im Müllmuseum steht auch eine alte Schallplatte mit dem Lied »Der Trompeter von Säckingen«. Wallbach ist ein Ortsteil der Trompeterstadt Bad Säckingen. Im Schloss gibt es das Trompetermuseum, das unter anderem mehr als 200 historische Instrumente zeigt.

BAD TEINACH-ZAVELSTEIN

11 Die Kabbalistische Lehrtafel

Prinzessin Antonias eingemauertes Herz

Die evangelische Dreifaltigkeitskirche in Bad Teinach wirkt von außen recht schlicht. Innen beherbergt sie neben dem Altar die kabbalistische Lehrtafel der Prinzessin Antonia. Um sich den Bildschrein besser anschauen zu können, verweist ein Schild auf einen Lichtschalter an der gegenüberliegenden Wand. Aber auch das Licht hilft dem Ahnungslosen nicht viel. Man sieht viele, sehr detailliert gemalte Frauenfiguren, die mit allerlei Tand geschmückt sind. Was das alles aber soll, versteht man nicht.

Rein gar nichts, was auf der aufklappbaren Lehrtafel abgebildet ist, wurde zufällig hingemalt. Jedes noch so kleine Detail hat seinen Sinn. Dieser »Brautzug der Sulamith« ist der Einstieg in die Glaubenswelt der Prinzessin Antonia, der »Pionierin des Pietismus« in Württemberg. Sie galt als eine äußerst gebildete, fromme und in ihrem Wirken vorbildhafte Frau. Mit der Lehrtafel, die sie 1673 der Teinacher Kirche stiftete, wollte sie andere Menschen Anteil haben lassen an ihrem Glaubensweg und ihren Erkenntnissen über Gott. Johann Friedrich Gruber, Maler am Stuttgarter Fürstenhof, setzte dies bildlich um.

Es war ein kühner Versuch, sich Gott zu nähern, indem sie einen Teil der Kabbala, die Offenbarungen des Alten und die Lehre des Neuen Testaments als unabdingbar miteinander verwoben darstellen ließ. Die Fülle der Symbolik und das allumfassende Glaubensmodell überfordern den Betrachter des Hauptbildes, wenn das Triptychon geöffnet ist. Mit entsprechender Führung und den in der Kirche erhältlichen Erklärungsheften wird es leichter, sich einen Überblick zu verschaffen. Ansonsten kann man sich zum Einstieg ein paar Gedanken über die Inschrift »Habe deine Lust am Herrn, denn er wird dir geben, was dein Herz wünscht« und die Tatsache machen, dass Antonia ihr Herz hinter dieser Glaubenstafel einmauern ließ.

Adresse Ecke Rathausstraße/Badstraße, 75385 Bad Teinach-Zavelstein | **Anfahrt** von Calw kommend über die B 463 Richtung Bad Teinach, nach etwa 4 Kilometern auf die L 347 abbiegen und im Tal bleiben | **Öffnungszeiten** April – Okt. Do 15 Uhr öffentliche Führungen zur Lehrtafel. Die Kirche ist tagsüber geöffnet und kann besichtigt werden. Sollte die Tür verschlossen sein, gibt es einen Schlüssel im Pfarramt oder bei der Tourismusinformation. | **Tipp** Wenn man auf die Höhe nach Zavelstein fährt, findet man dort das denkmalgeschützte »Städtle« samt Burgruine mit 28 Meter hohem Turm, der einen grandiosen Blick bietet. Berühmt ist Zavelstein auch für seine Mitte März blühenden wilden Krokuswiesen.

12 Die Therme
Wo Rossini baden ging

Ein wahrer Jungbrunnen scheint die Therme von Bad Wildbad zu sein. Einige Wochen nur tauchte einer ihrer prominentesten Besucher seinen gichtkranken Fuß hinein, schon sprudelte sein »Alterswerk« aus ihm heraus. Und das nach über dreißigjähriger Schaffenspause. So wirbt die Kurstadt an der Enz mit ihm und lädt ein, es ihm gleichzutun. Die Rede ist von Gioachino Antonio Rossini. Der weltberühmte Opernkomponist (1792 – 1868) kam 1856 auf Anraten seiner zweiten Frau in die Stadt, um Linderung von seinen zahlreichen Leiden zu finden. In seinen letzten Lebensjahren nach der Wildbader Kur verfasste er 1863 mit der Petite Messe solennelle noch ein großes geistliches Werk. An Menge nichts im Vergleich zu seinen produktivsten Jahren. Zwischen 1809 und 1829 komponierte er allein 40 Opern.

Auch wenn etliche Fürsten und Könige über die Jahrhunderte in den Thermen baden gingen, Bad Wildbad hat den Meister der heiteren Oper aus Pesaro für sich entdeckt. Sogar ein Denkmal zeigt ihn, nur mit einem Handtuch um die Hüften geschlungen, im Park gegenüber der Therme, die als eine der schönsten weltweit gilt. Nicht umsonst heißt das ehemalige Graf-Eberhard-Bad seit 1996 »Palais Thermal«.

Das Opernfestival »Rossini in Wildbad« spielt seit 1989 im Sommer auf. Die Sängerinnen und Sänger benötigen den Jungbrunnen noch nicht, rekrutieren sie sich doch zumeist aus den dem Festival angeschlossenen »Meisterklassen«. Die jungen Sänger sind froh um die Chance, und die Zuschauer werden mit immer neuen Stimmen beglückt. Gespielt wird im frisch renovierten Königlichen Kurtheater und in der »neuen Trinkhalle«. Heute muss man nicht mehr erlaucht, sondern lediglich erholungswillig sein, um die Schönheit der Thermen genießen zu dürfen. Und wer im gegenüber der Therme gelegenen Hotel Rossini sein Domizil gefunden hat, geht auch schon mal nur mit Bademantel bekleidet über den Kurplatz.

Adresse Kernerstraße 1, 75323 Bad Wildbad | **Anfahrt** zwischen Pforzheim und Freudenstadt verläuft die B 294, in Calmbach auf die L 351, dann der Beschilderung »P 3 Kurzentrum« oder »P 4 Palais Thermal« folgen, beide Parkhäuser sind in unmittelbarer Nähe des Palais Thermal | **Öffnungszeiten** Mo – Fr 12 – 22 Uhr, Sa, So, feiertags 10 – 22 Uhr | **Tipp** Die Sommerbergbahn, Baden-Württembergs höchste Standseilbahn, verbindet seit über 100 Jahren Bad Wildbads Zentrum mit dem Sommerberg, von wo aus man einen phantastischen Blick aufs Städtchen hat.

BAIERSBRONN

13 — Das Sternedorf
Ein Märchen, sieben Sterne und 247 Finkbeiners

Feinschmeckern ist Baiersbronn ein Begriff. Gleich zwei große Häuser kommen auf je drei Michelin-Sterne, die Traube im Ortsteil Tonbach und das Hotel Bareiss in Baiersbronn-Mitteltal. Im Ortsteil Schwarzenberg gibt es noch mal einen Koch mit einem Stern im Hotel Sackmann, womit man wahrlich von Baiersbronn als »Sternedorf« sprechen kann. Kein Wunder, dass die Dichte an Luxuskarossen um die Gourmettempel der der Baden-Badener Innenstadt nahe kommt.

Aber Baiersbronn hat mehr zu bieten: etwa mehr Fläche, ist es doch nach Stuttgart die zweitgrößte Kommune Baden-Württembergs, die größte im Schwarzwald. Während sich in der Landeshauptstadt mehr als 2.900 Einwohner einen Quadratkilometer teilen, loben sich die Baiersbronner ihren Freiraum. Sie kommen auf nur 82 Einwohner pro Quadratkilometer.

Freiraum hatte man auch in einem Gebäude im Baiersbronner Oberdorf. Der Denkmalschutz bewahrte das leer stehende Haus vor dem Abriss. Man brachte darin schließlich Hauffs Märchenmuseum unter und stellt etwa betagte Ausgaben, Steine in Herzform und alte Gläser aus. Man hatte nach einem Thema für das Museum gesucht – und Hauffs Märchen »Das kalte Herz« passte nach Baiersbronn, weil auch hier Köhler, Flößer und Glasbläser lebten, die im Märchen vorkommen. Außerdem soll ein Verwandter Hauffs in der Nähe gewohnt haben. Dessen Schwiegervater, Johann Georg Klumpp, war reicher Waldbesitzer und könnte Vorbild für die Figur des kalten Holländer-Michels aus dem Märchen gewesen sein.

Klumpp ist ein sehr häufiger Nachname in Baiersbronn. In dem abgeschieden gelegenen Ort gingen die Männer über Jahrhunderte »im Tal« auf Brautschau. So finden sich heute unter »Klumpp« 136 Einträge im Telefonbuch. Der Nachname »Gaiser« bringt es auf 210, »Finkbeiner« auf sage und schreibe 247 Einträge. Einer der 247 gehört – damit schließt sich der Kreis – zur Besitzerfamilie der Traube Tonbach.

Adresse Hauffs Märchenmuseum, Alte Reichenbacher Straße 1, 72270 Baiersbronn | **Anfahrt** Eine besonders schöne Anfahrt nach Baiersbronn hat man über die Panoramastraße B 500 aus Richtung Baden-Baden. An deren Ende links abbiegen nach Freudenstadt und von dort aus der Beschilderung nach Baiersbronn folgen. | **Öffnungszeiten** Mi, Sa, So 14 – 17 Uhr | **Tipp** Wer mehr Hauff möchte, findet den Autor auch an anderen Orten im Schwarzwald: Das Museum im Schloss Neuenbürg etwa hat eine prächtig inszenierte Ausstellung zum »Kalten Herz«. Auch im Gengenbacher Flößerei- und Verkehrsmuseum wird das Märchen vom Kohlenbrenner Peter Munk und dem Holländer-Michel erzählt.

BAIERSBRONN-SCHÖNMÜNZACH

14 Die alte Murgtalstraße
Das Relikt

Im Schwarzwald gibt es gleich zwei Flüsse, die Murg heißen, einen am Hochrhein und einen im Nordwestschwarzwald. Beide verfügen über eine »Alte Murgtalstraße«. Beide Straßen sind nicht mehr für den Verkehr freigegeben, dafür aber angenehme Rad- und Wanderwege. Die längere Straße – und natürlich auch der längere Fluss – sind im Nordschwarzwald. Das Gewässer hat mehrere Quellflüsschen und wird erst ab dem Baiersbronner Teilort Obertal zur Murg. Die fließt grob nordwestlich, um nach rund 80 Kilometern bei Rastatt in den Rhein zu münden.

Erst 1928 wurde im Murgtal die Bahnlinie gebaut. Heute kämpft sich die Karlsruher AVG-Stadtbahn Stück für Stück durch die tunnelreiche Strecke. Parallel dazu verläuft die Bundesstraße 462, die sogenannte »Schwarzwald-Tälerstraße«. Die Murgtalstraße bei Baiersbronn war lange ein schlechter Karrenweg im engen Flusstal, der im 18. und 19. Jahrhundert zu einer richtigen Chaussee ausgebaut wurde. In der Nähe von Hörden, einem Ortsteil von Gaggenau, findet sich ein Denkmal, dessen Inschrift von den Herausforderungen beim Bau erzählt: *Ex rupe fracta haec Via Facta. 1786*, grob übersetzt: »Aus des Felsens Wand ist dieser Weg gebahnt.«

Die alte Straße kann heute als Murgtal-Rad-Wanderweg auf weiten Teilen idyllisch genossen werden. Ein guter Einstieg ist Schönmünzach, wo man am Bahnhof beginnt, den geteerten Weg zu erforschen. Um an die richtig schönen Stellen zu kommen, muss man aber noch ein gutes Stück weiter. Bei Kirschbaumwasen kommt man an einer kleinen Staustufe samt altem Steg vorbei. Hier fällt keinem auf, dass die Bahnlinie nicht immer praktisch verläuft. Schüler vom westlich der Murg gelegenen Ort müssen über den alten Metallsteg, um den Schulzug zu erwischen. Wer noch weiter wandert, gelangt zu einem wildromantischen Straßentunnel. Und auf dem Weg dorthin schaut man manches Mal in eine tiefe Schlucht, die eigens für die Bahntrasse gesprengt wurde.

Adresse Einstieg an der Ecke Hinterer Auweg/Waldstraße, 72270 Baiersbronn-Schönmünzach | **Anfahrt** Von Baiersbronn über die B 462 Richtung Gaggenau halten. Nach etwa 14 Kilometern kommt man nach Schönmünzach, 2 Kilometer weiter liegt Kirschbaumwasen. | **Tipp** Geht man vom Schönmünzer Bahnhof in die andere Richtung über die alte Murgtalstraße, kommt man nach Schwarzenberg, wo man es sich im Hotel Sackmann (Murgtalstraße 602) schmecken lassen kann, das über einen Michelin-Stern verfügt.

BLUMBERG

15_ Die Sauschwänzlebahn
Mit einem Ort durch Zeit und Raum

Wie kleine Kinder stehen gestandene Herren, mit modernen Kameras bewaffnet, vor dem rauchenden, schwarz glänzenden Koloss und halten Heizer und Lokführer mit Fachsimpeleien über Antrieb, Technik und Eisenbahngeschichte von der Arbeit ab. Die nehmen das gern hin, wohl wissend um die Magie dieses Schätzchens, das sich in 30 Jahren zu einer der größten Touristenattraktionen im Schwarzwald-Baar-Kreis hochgeschnauft hat.

Als nostalgische Museumsbahn hat die »Sauschwänzlebahn« weitaus mehr begeisterte Fahrgäste als zu Zeiten ihres regulären Fahrbetriebs. Was sie heute so attraktiv macht, dass sie sogar als beliebteste Bahn direkt hinter den berühmten Schweizer Glacier-Express gewählt wurde, ging vielen früher gehörig auf die Nerven: Eine gefühlte Ewigkeit brauchte der Reisende, um von Blumberg zum Bahnhof des Stühlinger Ortsteils Weizen, Luftlinie knapp sieben Kilometer, zu gelangen. Denn die dafür verbaute Strecke kreiselt und mäandert sich auf 25 Kilometern durch die Landschaft und bietet auf vier großen Viadukten herrliche Ausblicke. Zudem gibt es sechs Tunnel, von denen einer für den ungewöhnlichen Namen der Linie verantwortlich ist: Der Stockhalde-Tunnel geht nicht geradeaus, sondern fast einmal im Berg rundum. Auf einer Länge von 1.700 Metern gewinnt die Strecke so eine Höhe von 15,5 Metern. Er ist der Star der Strecke, als sogenannter »Kreiskehrtunnel« der einzige dieser Bauart weltweit in einem Mittelgebirge, und schraubt sich wie ein »Sauschwänzle« in die Höhe. Wenn man vor der Abfahrt – oder nach der Ankunft – in Blumberg noch eine Stunde reserviert, kann man das Eisenbahnmuseum im ehemaligen Güterschuppen des Bahnhofs Zollhaus-Blumberg besuchen. Der Eintritt ist im Zugticketpreis enthalten. Das Museum führt durch die Entstehungsgeschichte der Museumsbahn und zeigt viele nostalgische Erinnerungsstücke aus der vergangenen Dampfeisenbahnzeit.

Adresse Bahnhofstraße 1, 78176 Blumberg | **Anfahrt** B 27 zwischen Donaueschingen und Schaffhausen | **Öffnungszeiten** Fahrpläne und Ticketreservierung gibt es auf der Internetseite www.sauschwaenzlebahn.de | **Tipp** Das Blumberger Land ist auch ein Eldorado für Nordic-Walker: Sechs Strecken in drei Schwierigkeitsgraden sind ausgewiesen und sorgen nach der langen Bahnfahrt für Bewegung.

BONNDORF

16 Der japanische Garten
… und das bemalte Schloss

Auf den ersten Blick hat man ein schönes, altes, reich geschmücktes Schloss vor sich. Auf den zweiten Blick erkennt man, dass es sich bei den Ornamenten und Fenstersimsen nur scheinbar um bauliche Kunst handelt. In Wirklichkeit ist das meiste nur aufgemalt. Einige der »Fenster« sind sogar komplett dem Farbtopf entsprungen.

Hat da mal jemand beim Renovieren die Simse abgeschlagen und fand es danach doch zu kahl? Ein Schloss ist im Lauf der Zeit Diener unterschiedlicher Herren, und die Geschmäcker sind verschieden. Das Bonndorfer Schloss, so wie es heute erhalten wird, geht auf Baumaßnahmen der 1720er Jahre zurück. Die plastische Außenbemalung stammt aus dieser Zeit. Seither bemühen sich Generationen von Malern, den schönen Schein zu bewahren.

Die Bonndorfer mögen und nutzen ihr Schloss. Die Stadtbibliothek und das Fasnachtsmuseum laden zum Verweilen ein. Im Obergeschoss residiert das Kulturzentrum des Landkreises mit Ausstellungen, Lesungen und Konzerten. Letztere finden in der prächtigen Kulisse des barocken Festsaals statt.

Verlässt man das Schloss, erblickt man gegenüber die zweitälteste Sparkasse Deutschlands, die bis vor Kurzem seit ihrer Gründung 1765 ihren Dienst tat.

Eine weitere Besonderheit tut sich im Kurpark des Schlosses auf. Der erblüht im unteren Bereich im japanischen Stil. Die Inspiration für die Gartenanlage entstand quasi in der Nachbargemeinde Ühlingen-Birkendorf. Dorthin kommen seit 1978 Delegationen aus Japan, die sich im Landkreis über Landwirtschaft und Dorfentwicklung informieren. Um sie angemessen zu betreuen und zu unterstützen, bildete sich der »Deutsch-japanische Freundeskreis«. Diesem fühlte sich auch der damalige Bonndorfer Bürgermeister Peter Volkerts verbunden. Er setzte die Idee eines »japanischen Freundschaftsgartens« im Kurpark um, wo man Phänomenen der vier Elemente spielerisch auf die Spur kommen kann.

Adresse Schloßstraße, 79848 Bonndorf | **Anfahrt** Bonndorf liegt an der B 315, die den Titisee und Stühlingen verbindet, der Japanische Garten ist ausgeschildert, parken am Schloss | **Tipp** Am Dorfplatz im Ortsteil Holzschlag beginnt ein zwei Kilometer langer, rollstuhlgeeigneter Bienenlehrpfad, der allen Generationen Spaß machen dürfte. Ambitionierte Wanderer machen sich von Holzschlag auf in die Wutachschlucht.

17_Hotel Hofgut Sternen
Ein Bett für Marie Antoinette

Marie Antoinette, Johann Wolfgang von Goethe, Felix Mendelssohn-Bartholdy … Sie alle waren Gäste des Hofguts Sternen, das zu deren Zeit noch »Gasthaus unter der Steig« hieß. Dabei war das Gefolge der erst 14-jährigen Tochter von Kaiserin Maria Theresia definitiv das größte. Marie Antoinette wählte auf der Reise zu ihrem künftigen Gemahl, König Ludwig XVI., extra die Route durch das schwierige Höllental, da dieses zu Vorderösterreich gehörte. Bevor die Höllental-Tour begann, machte man Rast »unter der Steig«, wo sich eine Pferdewechselstation befand. 21 Prachtkarossen, 36 Wagen und 450 Pferde müssen wahrhaft herrschaftlich auf dem Areal des Hofguts ausgesehen haben.

Tatsächlich war es eben diese Rast vor dem Höllental, die das Hofgut erfolgreich machte. Das heutige Goethehaus ist eine der ältesten noch genutzten Herbergen, die ebenfalls auf dem Gelände stehende Kapelle St. Oswald aus dem Jahr 1148 soll sogar die älteste noch genutzte Pfarrkirche im Schwarzwald sein. Mit der 1887 eingeweihten Bahnstrecke und der Verbreitung des Automobils schrumpften die Entfernungen. Ein Halt in Breitnau war jetzt nicht mehr nötig. Zu allem Unglück brannte 1957 das große Bauernhaus ab.

Original im Schwarzwaldstil wurde das heutige Haupthaus des Hotels wieder aufgebaut, ursprünglich nicht als Hotel geplant, sondern als Etablissement, vor das eine rote Laterne gestellt werden sollte. Allerdings ging dem Planer wohl das Geld aus. Die heutigen Besitzer kauften das Gelände, machten das Hotel Sternen daraus, bauten die alte Glasbläserei aus und errichteten einen Souvenir-Shop in Kuckucksuhr-Form. Heute beherbergt man Touristen aus aller Welt. Besonders stolz ist Inhaber Thomas Drubba auf die lange Geschichte des Hauses, von der er kenntnisreich zu erzählen weiß. Etwa, dass Mendelssohn-Bartholdy hier zur Hochzeitsreise weilte oder Goethe Fisch aus der Ravennaschlucht verspeiste.

Adresse Höllsteig 76, 79856 Breitnau | **Anfahrt** A 5, Ausfahrt Freiburg-Mitte, auf die B 31 Richtung Donaueschingen/Titisee-Neustadt, Abfahrt Höllsteig/Ravennaschlucht im Höllental, oder A 81, an der Ausfahrt Autobahndreieck Bad Dürrheim auf die B 27/B 31 Richtung Freiburg, Abfahrt wie oben | **Tipp** Die Ravennaschlucht ist ein schmales Seitental des Höllentals. Der Bach Ravenna fließt in mehreren kleineren und einer 16 Meter hohen Kaskade hindurch. Ein Wanderweg macht die Wasserfälle erlebbar.

18 — Eintritt ins Höllental
Herausforderung für Gut und Böse

Vor das Höllental haben die Menschen das Örtchen Himmelreich gesetzt. Und so mancher Bewohner hat hier sein kleines irdisches Glück gefunden, auch wenn Himmelreich ein geteiltes Dörfchen ist, verläuft doch die Grenze zwischen Kirchzarten und Buchenbach durch den Ort. Das »Hofgut Himmelreich«, gerade auf Kirchzartener Gemarkung, ist eine Initiative im Verbund der Diakonie in Baden und engagiert sich für die Integration geistig behinderter Menschen in die Arbeitswelt. Hier wird nicht nur mit Worten Überzeugungsarbeit bei zukünftigen Arbeitgebern geleistet. Das Projekt lebt vor, was es anpreist, und zeigt, dass geistig behinderte Menschen in der Lage sind, sich in normale Arbeitsprozesse einzufügen und so die Chance auf ein selbstbestimmteres Leben bekommen können. Mitgearbeitet wird im Gasthaus und im Hotelbetrieb. Im Bahnhof, der wieder zu Buchenbach gehört, betreibt man einen integrativen Kiosk und ein Reisebüro.

Der Bahnhof Himmelreich ist die letzte Ansiedlung auf der weiten Ebene des »Zartener Beckens«. Von hier aus geht es in eine neun Kilometer lange spektakuläre Schlucht ins Höllental hinein. Schroffe graue Felswände ragen zu beiden Seiten bis zu 130 Metern empor. Hier in diesen schattigen Felsklüften fühlt sich ein Baum besonders wohl, der ansonsten auf der Roten Liste der gefährdeten Arten steht: Die »Europäische Eibe«, die älteste Baumart Europas.

In der Mitte der Schlucht war vor dem Ausbau der Straße mit nur neun Metern die engste Stelle. Dort soll sich ein Hirsch mit einem gewaltigen Sprung vor einem Jäger gerettet haben. In Andenken an diese Sage stellte die Gemeinde Falkensteig 1856 erstmals einen Hirsch aus Holz auf, der 1907 durch eine bronzene Statue auf dem »Hirschsprung« ersetzt wurde. Bei einer Restaurierung der Skulptur fand man unzählige Einschusslöcher. Witzbolde klettern manchmal hinauf, um dem Tier einen neuen Anstrich zu geben.

Adresse Hofgut Himmelreich: Himmelreich 37, 79199 Kirchzarten | **Anfahrt** B 31, Ausfahrt Buchenbach | **Tipp** In Buchenbach-Unteribental gibt es in der Ibentalstraße 17 einen Bauernhof-Golfplatz. Mit viel Phantasie wird ab dem Frühjahr eine Wiese neben dem Kinderspielplatz zum Golfplatz mit rund zehn Stationen für Familien mit Kindern ab vier Jahren. Um Anmeldung wird gebeten unter 07661/4636.

CALW

19 — Hermann Hesses liebste Brücke

Kreisstadt mit Charme

»… die schönste Stadt von allen aber, die ich kenne, ist Calw an der Nagold, ein kleines, altes schwäbisches Schwarzwaldstädtchen.« Das hat der Mann gesagt, dessen Bronzestatue auf der St. Nikolausbrücke, seinem früheren Lieblingsort in eben diesem Städtchen Calw, steht. Nachdenklich schaut die Plastik des Literaturnobelpreisträgers Hermann Hesse in Richtung Süden, hält den Hut leger in der linken Hand. Anzug, Weste und Krawatte lassen sich in der naturalistischen Darstellung des Künstlers Kurt Tassotti genau erkennen. Eine Bürgerinitiative hatte für das lebensgroße Kunstwerk Geld gesammelt, das zu Hesses 125. Geburtstag im Jahr 2004 enthüllt wurde.

Die Nikolausbrücke stammt aus dem Jahr 1400. Lange Zeit war sie nur wegen der kleinen, aber feinen Nikolauskapelle berühmt, die auf einem der Brückenpfeiler thront, jetzt aber strömen auch die Verehrer Hesses über die Brücke. Ein Paar aus den Niederlanden ist extra einen Umweg gefahren, um die Geburtsstadt ihres Lieblingsschriftstellers zu sehen. Zuvor waren sie im Urlaub – an Hermann Hesses Grab in Italien.

Hesse wurde am 2. Juli 1877 in Calw geboren, lebte direkt gegenüber dem Rathaus. Seine Eltern betrieben einen Verlag für religiös geprägte Literatur. Hermann wuchs hier auf, lernte in der Lateinschule und der Klosterschule Maulbronn, verbrachte einige Zeit in der Heilanstalt Stetten im Remstal und absolvierte eine Lehre zum Mechaniker bei der Turmuhrenfabrik Perrot in Calw. Seiner Jugendzeit ist ein Zimmer im Hermann-Hesse-Museum gewidmet. Andere Räume beherbergen zahlreiche Materialien über den Autor – ein El Dorado für das niederländische Paar und zahllose andere Verehrer Hesses und seiner Werke, sei es »Siddhartha«, »Der Steppenwolf« oder etwa »Narziss und Goldmund«. Mehr als 90 Millionen seiner Bücher wurden verkauft. Auch darauf ist man stolz in Calw.

Adresse Nikolausbrücke an der Bahnhofstraße; Museum: Marktplatz 30, 75365 Calw | **Anfahrt** Von Pforzheim aus führt die B 463 nach Calw. Wenn es mit Parkplätzen eng wird, können alle 4 Parkhäuser angefahren werden. Von jedem sind es jeweils nur wenige Minuten bis in die Innenstadt. | **Öffnungszeiten** Museum: April – Okt. Di – So 11 – 17 Uhr, Nov. – März Di – So 11 – 16 Uhr | **Tipp** Die historische Altstadt mit einer Vielzahl von Fachwerkhäusern und kleinen Ladengeschäften ist einen anschließenden Bummel wert. In Calw stehen immerhin 250 Häuser unter Denkmalschutz.

DONAUESCHINGEN

20 — Die Donauquelle
Wirklich?

Donauquelle, die erste: Wunderschön eingefasst, mit einer imposanten Skulptur gekrönt, so präsentiert sich die Donauquelle in der Fürstenstadt Donaueschingen. Viele Touristen werfen eine Münze in den Quelltopf des Donaubachs, um einen Wunsch frei zu haben. Vielleicht ist ja auch der Wunsch dabei, dass der Streit um *die* offizielle Donauquelle endlich beigelegt wird ...

Donauquelle, die zweite: Da steht man nun an einer kleinen Steinumfassung und ebenso bescheidenen Tafel mitten im Naturschutzgebiet des Mittleren Schwarzwalds auf Furtwangener Gemarkung und schaut auf das klare Nass. In der Nähe leuchtet die weißgetünchte Martinskapelle. Hier entspringt die Breg, Hauptquellfluss der Donau. Nach wissenschaftlichen Standards müsste dies die Donauquelle sein.

Bei Streitereien, die zwischen Donaueschingen und Furtwangen mehr oder weniger freundschaftlich ausgetragen werden, hilft ein Kompromiss: Die Donaueschinger Karstquelle gilt als die »historische Quelle«. Die Verortung soll sogar bis auf den römischen Feldherrn Tiberius im Jahr 15 vor Christus zurückgehen. Die Breg hat sich durch geologische Untersuchungen den Titel »Donauursprung« erstritten, da sie die mündungsfernste Quelle aufweisen kann.

Der Verfasser der offiziellen Stadtbroschüre Donaueschingens hält nichts von derlei faulen Kompromissen und warnt sogar eindringlich davor, die Länge des Flusses »falsch« anzugeben. Das würde den Fluss selbst ärgern. Deshalb nur so viel: Die Donau ist der zweitlängste Strom Europas. Kein Grund also, sich wegen ein paar Kilometern aufzuregen. Am besten genießt man einfach beide Orte. Das fürstliche Donaueschingen mit seinem Schloss und dazugehörigem Park, mit seinem internationalen Reitturnier und weltweit angesehenen Musiktagen, den Fürstlich Fürstenbergischen Sammlungen, der Stadtkirche St. Johann und vielem, vielem mehr könnte vielleicht etwas mehr Großmut zeigen.

Adresse Fürstenbergstraße, 78166 Donaueschingen | **Anfahrt** Von der A 81 am Dreieck Bad Dürrheim kurz auf die A 864, dann nach Donaueschingen, dort der Beschilderung »Donauquelle« folgen. Von der Fürstenbergstraße aus (gegenüber der Straße Am Karlsplatz) führt ein kurzer Fußweg zur eingefassten Quelle. | **Tipp** Die naturkundlichen Sammlungen des Hauses Fürstenberg in direkter Nähe zur Quellfassung (Am Karlsplatz 7) repräsentieren das besondere Flair eines fürstlichen Residenzmuseums des 19. Jahrhunderts. Unter anderem gibt es in der Reitturnierstadt Donaueschingen das zehn Millionen Jahre alte Skelett des Urpferdchens Hipparion zu sehen.

21 — Gear Valley

Hier wird schon lange schnell geschaltet

So mancher Unternehmer in der Bundesrepublik ist froh, wenn er seinen Betrieb über zehn Jahre durch das wirtschaftliche Auf und Ab bringt. Nicht so in Eisenbach. Dort feiert man die Jubiläen gerne dreistellig. Und nirgendwo sonst in Deutschland kommen so viele Jobs auf die Einwohnerzahl. 2.100 Menschen leben in dem Luftkurort, der sich rühmt, neben zahlreichen Industriepatenten auch den ersten Skilift der Welt erfunden zu haben. 1.400 Arbeitsplätze haben die ortsansässigen Unternehmen geschaffen.

Der Bedarf an Spezialisten ist hoch und muss auch mit Fachkräften von außerhalb gedeckt werden. Werkzeug- und Industriemechaniker, Fertigungstechniker und Entwicklungsingenieure arbeiten heute in der Getriebe- und Zahnradindustrie. Die meisten der ansässigen Firmen wurden im 19. Jahrhundert als einfache Familienbetriebe gegründet, die Uhrwerke, Pendel, Gewichte und Schilder herstellten. Das kleine Dorf im Hochschwarzwald war die Hochburg der Uhrmacherzunft. Gute Voraussetzungen, aber nicht alle Schwarzwaldstädte konnten dem Untergang der Uhrenindustrie trotzen.

In Eisenbach entwickelten sich die erfolgreichen Unternehmen von Generation zu Generation weiter. Einige verpassten sich sehr modern klingende englische Namen, nicht zuletzt wegen der oft weltweiten Vermarktung ihrer patentierten Produkte. Darauf zielt auch der augenzwinkernd gegebene Spitzname des Tales ab. In Bezug auf das für die Computerindustrie entscheidende »Silicon Valley« bei San Francisco bekam Eisenbach die Bezeichnung »Gear Valley«, mit der man sich mittlerweile sehr gern schmückt. Sie ist zum Identifikationsbegriff der ungewöhnlich starken Firmenansammlung geworden. Auch wenn hier alles einen internationalen Touch haben mag, die Strukturen und die unternehmerische Verantwortung in den Betrieben weisen größtenteils weiter auf den familiären Kern als Ursprung des Erfolgs hin.

Adresse 79871 Eisenbach | **Anfahrt** von Titisee-Neustadt die L 172 Richtung Eisenbach | **Tipp** Mit dem Hotel Bad beherbergt Eisenbach ein ausgewiesenes Bogensport-Hotel. Schützen aus ganz Deutschland kommen, um auf einem Winter- und einem Sommerparcours sowie in einer eigenen Halle die Sehnen zu spannen. Seit mehr als 13 Jahren findet dort auch Europas größte Fachmesse für den traditionellen Bogensport und für Messer statt.

IMS:GEAR

ELZACH

22 Die Heimat des Schuttigs
Schneckenhäuser am Kopf, Saublasen am Stock

»Wenn Sie den Schuttig suchen, können Sie an jedem Haus in Elzach klingeln«, sagt der junge Mann und führt den Besucher kurzerhand in sein Haus. Ganz oben gibt es sie: Die kleine Schuttig-Ausstellung, die man seiner Aussage nach überall findet. Am ausführlichsten aber ist die Geschichte vom Schuttig und den ihn begleitenden Charakteren im Heimatmuseum zu betrachten.

Der Schuttig gehört so untrennbar zu Elzach, wie die »Lange Rote«, eine Bratwurst, auf den Freiburger Münsterplatz. Die Schuttigumzüge zur Fasnacht – in Elzach heißt es »Fasnet« – sind legendär und locken Tausende Besucher aus der nahen und weiten Umgebung in das Elztalstädtchen. Denen wird dann auch klar, was ein »Wilder Mann« ist.

Der Schuttig trägt einen roten Zottelanzug, auf dem Kopf einen Dreispitz, auf dem sich Schneckenhäuser und meist rote Bollen befinden. Ein weißes Tuch und ein grüner Schulterumhang komplettieren das Bild. Dazu gibt es verschiedene Larven, also Masken aus Holz, hinter denen sich die Träger verbergen. In Elzach ist es feststehendes Gesetz, dass der Schuttig die Larve nicht in der Öffentlichkeit ablegt. Da die meisten Schuttige mehrere Larven besitzen und nicht reden, kann man nie sicher sein, wer einem gerade mit der an einem Holzstock befestigten aufgepumpten Saublase, der »Saublodere«, auf den Kopf oder in den Rücken geschlagen hat. Die Damen am Rande des Zuges werden zudem gerne mit der hölzernen Streckschere geneckt. Das wilde Gebaren, laute, aggressive Schreie und waghalsige Luftsprünge gehören einfach zum Schuttig dazu und wirken besonders beim Nachtumzug mit Fackeln sehr archaisch. Man sollte sich bloß nicht zu sehr erschrecken lassen, denn die Leute hinter den Larven sind meist wirklich nett.

Der Schuttigbrunnen wurde übrigens gerade umgesetzt. Er musste der neuen Umgehung weichen, hat aber dafür ein prominentes Plätzchen mitten in der Stadt bekommen.

Adresse Heimatmuseum mit Fasnachtszimmer, Hauptstraße 39, 79215 Elzach | **Anfahrt** A 5, Ausfahrt Freiburg-Nord, dann Richtung Waldkirch/Elztal auf der B 294 bis nach Elzach (etwa 30 Kilometer) | **Öffnungszeiten** Di 14.30 – 16.30 Uhr | **Tipp** Übrigens: Ernest Hemingway war auch mal in Elzach. Im Ortsteil Oberprechtal soll der Autor von »Der alte Mann und das Meer« eine ganz ordentliche Forelle beim Fliegenfischen erwischt haben. Erlaubnisscheine fürs Angeln in der Elz gibt es in der Touristinfo, Weberstraße 6, im Ortsteil Oberprechtal.

ELZACH-YACH

23 — Der Schnapsbrunnen
… und die Siebenfelsen

Beim Spiel Stadt, Land, Fluss stöhnten alle auf, wenn das Y ausgewählt wird. Schlaumeier, die sich auf die schwierigen Buchstaben vorbereiten, schreiben gern Yokohama auf ihren Zettel. Dabei liegt das Gute doch so nah, nämlich mitten im Schwarzwald, im Elztal. Nur bei der Definition für eine Stadt müssen die Mitspieler vielleicht noch überzeugt werden. Yach – im Elztal spricht man den Ortsnamen wie »Äich« aus – hat gerade einmal 1.000 Einwohner und ist von seiner räumlichen Gliederung so weit davon entfernt, eine Stadt zu sein, wie es nur geht. Selbst ein Ortsteil von Elzach, besteht Yach ebenfalls aus mehreren Untereinheiten: dem Dorf, das alle »das Dorf« nennen, und in dem die meisten Straßen »Dorfstraße« heißen, dazu zahlreiche kleine Ansiedlungen und Höfe.

Wenn man ein bisschen laufen muss, um zum Nachbarn zu kommen, liegt es nah, den Wegen anregende Namen zu geben.

Der Brotweg führt zum Vogtjosefhof. Wer da sein Kleingeld los werden will, der kann vor dem Hof am Most- und Schnapsbrunnen haltmachen. Am Tag sind die beiden Tabernakel geöffnet, bei Nacht geschlossen. Darin findet sich ein Hahn für Most, einer für Schnaps und daneben normales Leitungswasser. Man stelle eines der Gläser unter den Hahn, werfe einen Euro in den Geldschlitz, dann heißt es: »Prosit.«

Der Schnapsbrunnen ist übrigens keine Erfindung der Yacher. Sasbachwalden hat sogar zehn Stationen an seinen Wanderwegen. Aber dort stehen einfach Schnapsflaschen und ein Geldkästchen bereit. In Yach hat man da weitergedacht.

Beschaulicher wird es im Wald, wenn man zu den Siebenfelsen wandert. Sieben Steinquader, die aufeinanderliegen und einen stattlichen Turm ergeben, regen die Phantasie an. Es wird gemunkelt, hier sei eine alte keltische Opferstelle gewesen. Manchmal sollen auch heute hier »eigenartige Menschen eigenartige Rituale« abhalten – die Keltentheorie jedoch ist unbewiesen.

Adresse Hinterzinken 7, 79215 Elzach-Yach | **Anfahrt** In Elzach geht die Kreisstraße 5112 nach Yach. Dort wird diese zur Dorfstraße. Schnapsbrunnen: Von der Dorfstraße rechts auf die Straße Hinterzinken, links zum Vogtjosefhof. Siebenfelsen: zu Fuß am besten bei einer Wanderung von Yach zum Schänzlehof, mit dem Auto Vorderer Zinken in Richtung Rohrhardsberg bis zum Wanderparkplatz. | **Öffnungszeiten** im Sommer tagsüber geöffnet | **Tipp** Ab Mitte Mai finden sich bei Yach gelb leuchtende Besenginsterweiden, viele davon im Naturschutzgebiet »Yacher Zinken«, das als 1.000. Naturschutzgebiet Baden-Württembergs in die Geschichte einging.

EMMENDINGEN

24 Das Tagebucharchiv
»Liebes Tagebuch ...«

Im alten Emmendinger Rathaus liegen in der zweiten Etage mehr als 10.000 Tagebücher und Erinnerungen. Bislang sind es hauptsächlich Wissenschaftler, die offiziell tun, was privat verpönt ist: Sie lesen, wer sich in wen verliebt hat, von Gewissensnöten, Problemen und Leid oder einfach Tratsch über die Nachbarschaft. Es ist die Sicht aus den Augen des »kleinen Mannes«, die den Forschern hier geboten wird. Wie haben ganz normale Leute ein Leben im Nationalsozialismus geführt? Was kann man aus den Erfahrungen einer Frau aus dem Nachkriegsdeutschland über den Feminismus lernen? Wie haben Deutsche im 19. Jahrhundert ihre Reise nach Russland erlebt? Mehr als 3.500 Autoren haben an dem Fundus teil.

Oft sind es Verwandte, die die Tagebücher, Erinnerungen und Briefe ihrer verstorbenen Angehörigen vorbeibringen. Manches stiften die Schreiber selbst. Dem, das wissen die Mitarbeiter des Deutschen Tagebucharchivs, ist meist ein langer Entscheidungsprozess vorangegangen. Im Archiv wirken rund 90 ehrenamtliche Mitarbeiter mit. Mehr als 70 von ihnen engagieren sich in Lesegruppen für die Erfassung der Dokumente.

Aus der Mitte des 18. Jahrhunderts stammen die ältesten Niederschriften, bei den aktuellsten ist gerade erst die Tinte getrocknet. Der eingetragene Verein Deutsches Tagebucharchiv gibt jedes Jahr ein Büchlein heraus, in dem alle Eingänge kurz zusammengefasst werden. Zusätzlich gibt es eine Statistik nach Geschlecht, Alter, Erstellungszeitraum und Art der Dokumente. Außerdem werden die Themen aufgelistet, zu denen Wissenschaftler aus der ganzen Welt in Emmendingen recherchiert haben.

Besucher sind nach einer Voranmeldung gern gesehen. Zu betrachten gibt es einen großen Raum voller Schubfächer, in denen die Dokumente liegen. Deutlich interessanter für die Öffentlichkeit wird es, wenn das Museum im Untergeschoss fertig ist, wo ausgewählte Dokumente präsentiert werden sollen.

Adresse Marktplatz 1, 79312 Emmendingen | **Anfahrt** A 5, Ausfahrt Teningen, von hier sind es noch etwa 5 Kilometer bis ins Zentrum. | **Öffnungszeiten** Mo – Fr 10 – 12 Uhr, Di, Mi zusätzlich 15 – 17 Uhr | **Tipp** In der Vorbergzone nördlich von Emmendingen steht auf dem Eichberg der Eichbergturm, der mit etwa 50 Metern Höhe der höchste Aussichtsturm des Landes ist. Bis nach oben sind 240 Eichenholzstufen zu erklimmen.

ENZKLÖSTERLE

25 Krippena 2000
Wo kein Hölzchen sicher ist

Jedes Jahr rücken Geschäftsleute der Heiligen Nacht früher auf die Pelle: Dann liegt die Grillwurst in trauter Eintracht mit dem Schoko-Weihnachtsmann im Laden zum Kauf aus. Wer von solcherlei Kombinationen nichts hält und trotzdem ein echter Weihnachtsfan ist, der ist bei Thomas Gütermann gut aufgehoben. Nicht dass er kein guter Geschäftsmann wäre. In seiner riesigen Verkaufsausstellung in der »Schnitzerstube« verkauft er auf zwei Etagen alles, was das Herz für einen Weihnachtsrausch begehrt: Engelchen in jeder Form und Größe, die mittlerweile obligatorischen Elche zusammen mit Madonnen und Heiligenfiguren, Wandreliefs, Kräuterhexen, ganze Krippen als Komplettpakete und einzelne Figuren vom Esel bis zum heiligen Joseph, Baumschmuck, Holzeulen sowie Schwarzwälder Schnaps und Schinken. Aus Enzklösterle gehen seine Figuren in die ganze Welt. Unterstützt bei der Herstellung wird er von seinen Angestellten und von Hobbyschnitzern. Als solcher hat Gütermann in den 1950er Jahren selbst angefangen.

Die Basis für sein erfolgreiches Geschäft bilden unverkennbar Gütermanns Leidenschaft und sein Kunsthandwerk. Dies drückt sich vor allem in einem Projekt aus, das er seit 20 Jahren verfolgt: Von seiner Hand stammt die größte handgeschnitzte Weihnachtskrippe der Welt. 19 lebensgroße Krippenfiguren sind in dieser Zeit entstanden. Stolz präsentiert er die 2,15 Meter große Skulptur »Engel mit Hirtenjunge«, die er zum Jubiläum geschnitzt hat.

Zu bestaunen gibt es in der überraschend weitläufigen Ausstellung »Krippena 2000« auch eine zwei Meter große Arche Noah, die der biblischen Geschichte nachempfunden wurde. Und richtig schwarzwälderisch wird es noch mal mit einer Mühle und Säge als Miniatur-Modell und einer Darstellung des Flößerhandwerks im Enztal.

Natürlich gibt es neben der größten auch die kleinste Krippe der Welt in einer Nussschale zu sehen.

Adresse Hirschtalstraße 30, 75337 Enzklösterle | **Anfahrt** von der durch Enzklösterle führenden L 351 (Freudenstädter Straße/Wildbader Straße) abbiegen in die Friedenstraße, dann links halten in die Hirschtalstraße, Parkplätze sind vorhanden | **Öffnungszeiten** Mo – Fr 9 – 17.30 Uhr, Sa, So Einlass bis 16 Uhr; Feb., März geschlossen | **Tipp** Enzklösterle ist ein guter Ort, um aktiv zu werden. Es gibt einen Waldklettergarten, einen Abenteuer-Minigolf-Platz, eine Riesenrutschbahn und vieles mehr.

ETTLINGEN-SCHLUTTENBACH

26 Die 1.000-jährige Linde
Alter Baum, was nun?

Zurechtgestutzt steht sie da, die alte Dame von Schluttenbach. Ein Wehwehchen reiht sich an das nächste. Das bereitet den Bewohnern des am höchsten gelegenen und zugleich kleinsten Stadtteils von Ettlingen Sorgen.

Dabei könnte alles so schön sein: ein Dorfplatz, ein Brunnen, ein Gesangverein, eine Linde, ein Fest. Einmal im Jahr lädt der »Sängerkranz Schluttenbach 1889« traditionsgemäß und bei jedem Wetter am ersten Juliwochenende unter die 1.000-jährige Linde ein. Ob sie tatsächlich so viele Jahre auf dem Buckel hat, wird von Experten allerdings bezweifelt. Dabei kursiert sogar eine genaue Jahreszahl ihrer »Entstehung«: Im Jahr 937 nach Christus soll das Bäumchen das Licht der Welt erblickt haben. So steht es zumindest auf einer kleinen Holztafel, die am Baumstamm befestigt ist.

Wer auch immer Zeitzeuge gewesen sein soll, die Besiedelung Schluttenbachs wird erst rund 300 Jahre später »aktenkundig«. Auf ein vorsichtiges »sehr alt« können sich die Experten beim Stadtbauamt Ettlingen aber einigen. Und darauf, dass der Baum den Menschen nicht nur in Schluttenbach ans Herz gewachsen ist. Akribisch wird seit dem Kriegsende dessen Gesundheitszustand mit Hilfe von Baumchirurgen überprüft, ebenso wie man immer wieder die hohen Kosten gegen den Erhaltungswillen bei den Bürgern abwägt. Die Zukunft des äußerlich stattlichen Stammes mit 7,53 Meter Umfang steht jedenfalls auf dem Spiel, denn ein schädlicher Brandkrustenpilz hat den Baum befallen. Hinter der Rinde soll der Stamm an manchen Stellen nur noch drei bis acht Zentimeter dick sein, sagen die Baumexperten.

Älter als Wilhelm Müllers Gedicht »Der Lindenbaum«, das er 1823 veröffentlichte, ist die alte Dame allemal. Durch die Vertonung von Friedrich Sielcher wurden diese Verse zu *dem* deutschen romantischen Volksliedhit schlechthin: »Am Brunnen vor dem Tore«. Da steht noch ein Lindenbaum …

Adresse Ecke Lange Straße/Am Lindenbrunnen, 76275 Ettlingen-Schluttenbach | **Anfahrt** von Ettlingen auf die L 613 Richtung Schöllbronn, im Ort rechts abbiegen auf die Schluttenbacher Straße, kurz nach dem Ortseingang steht die Linde linker Hand | **Tipp** Ettlingens historische Altstadt ist sehr schön, aber erst bei Nacht wird sie durch ein ausgefeiltes Lichtkonzept ins rechte Licht gerückt.

FELDBERG

27 Das höchstgelegene Museum im Schwarzwald

Schinken, Natur und schräge Bauten

Nur ein Schinken, der nach spezieller Art im Schwarzwald hergestellt, geschnitten und verpackt wurde, darf sich Schwarzwälder Schinken nennen. Dafür sorgen eine EU-Verordnung und der Schutzverband der Schwarzwälder Schinkenhersteller. Was das mit dem Feldberg zu tun hat? Der Schutzverband und die Gemeinde haben zu Pfingsten 2012 ein Museum über die deftige Spezialität in der ersten Etage des Feldbergturms auf 1.460 Höhenmetern eröffnet, nahezu am höchsten Ort des Schwarzwalds überhaupt. Ist der Feldberg ohnehin zu jeder Jahreszeit ein bei Touristen sehr beliebtes Ausflugsziel, möchte man damit noch einen obendrauf setzen. Noch weiter oben liegt damit nur noch das höchstgelegene Trauzimmer Baden-Württembergs: Im elften Stock des Feldbergturms können sich Liebende auf 1.490 Metern das Jawort geben – 360-Grad-Panorama inklusive.

Von der Passhöhe der B 317 aus kann man in Richtung der Bergbahn abbiegen. Die Autos parken in der Winter- und Sommersaison noch bis weit außerhalb allen Parkraums. An der Talstation findet man kleine Geschäfte und Restaurants, einige gehören mit zum Hotel Feldberger Hof, einem riesigen, spiegelverglasten Bau. Prominent schräg gegenüber zeigt sich das Haus der Natur des Naturschutzzentrums Südschwarzwald. So modern das mit Architekturpreisen bedachte Gebäude schon von außen aussieht, so zeitgemäß sind die Methoden der Wissensvermittlung. Selbst trockene Themen wie die »historische und aktuelle Nutzung der Landschaft durch den Menschen« werden mit einem sehr spielerischen Ansatz verfolgt. Es gibt etwa eine 3-D-Filmschau, einen Ballonflug, ohne in die Luft gehen zu müssen, und mehrere Quizspiele zu sehen.

Die Erhebung, auf der der Turm samt Schinkenmuseum steht, ist übrigens der Seebuck. Durch eine kleine Senke kann man die rund zwei Kilometer bis zum Feldberggipfel spazieren.

Adresse Dr. Pilet Spur, 79868 Feldberg-Ort | **Anfahrt** an der B 317 (Weil am Rhein bis Titisee-Neustadt), aus Freiburg über die B 31 zur B 317 | **Tipp** Das älteste Naturschutzgebiet in Baden-Württemberg (seit 1937) liegt um den Feldsee, den man allerdings nur wandernd oder mit dem Fahrrad erreichen kann. Vom Wanderparkplatz Kunzenmoos in Feldberg-Bärental sind es etwa vier Kilometer.

28 — Weihnachtsmannfreie Zone
Santa Claus muss draußen bleiben

Was feiern wir eigentlich an Weihnachten? Es kann durchaus passieren, dass man heutzutage von Kindern »Den Weihnachtsmann!« als Antwort zu hören bekommt. Und dass es einen Unterschied zwischen eben diesem freundlich dreinblickenden dicken Mann im rot-weißen Outfit und dem heiligen Nikolaus gibt, bringt nicht nur die Kleinen durcheinander.

Das Bonifatiuswerk der deutschen Katholiken sah rot und ging in die Offensive: Sankt Nikolaus versus Weihnachtsmann, Heiliger gegen Werbeikone. Die Aktion »Weihnachtsmannfreie Zone« wurde ins Leben gerufen und wirbt für christliches Brauchtum. So kann man mit Hilfe eines Bastelbogens ruckzuck den Eindringling in den originalen Nikolaus von Myra verwandeln oder im Internet gleich die ursprünglichen Bischofs-Schoko-Nikoläuse bestellen, natürlich fair gehandelt und für einen guten Zweck.

Von dieser Aktion hörte man auch in der kleinen Gemeinde Fluorn-Winzeln im Landkreis Rottweil. Radio Tübingen hatte sich 2008 für seine beliebte Sendung »SWR4-Adventskalender« angekündigt. Flugs wurde ein Arbeitskreis eingerichtet, um eine sendetaugliche Überraschung präsentieren zu können. Der Vorschlag des Arbeitskreises war es, dass die ganze Gemeinde sich der Aktion des Bonifatiuswerkes anschließen sollte. Und so beschloss man, »dem Trend einer zunehmenden Verfremdung traditioneller Inhalte der Advents- und Weihnachtszeit entgegenzuwirken«. Seither werden die Schaufenster nicht mehr mit Weihnachtsmännern dekoriert, die Vereine verpflichten Nikoläuse für ihre Adventsfeiern.

Das Medienecho auf die Veröffentlichung des hehren Vorhabens war gewaltig. Sogar die ARD-Tagesschau und Radio Vatikan berichteten von Fluorn-Winzeln. Seither hat sich die Gemeinde jedes Jahr neu dazu entschlossen. Ob Stadt, Dorf oder Einzelner, jeder, der die Aktion »Weihnachtsmannfreie Zone« unterstützt, tut damit Gutes, ganz nach dem Vorbild des »echten« Nikolauses.

Adresse 78737 Fluorn-Winzeln | **Anfahrt** über die L 422 aus Richtung Rottweil und Schramberg sowie über die L 415 aus Richtung Oberndorf und Freudenstadt | **Tipp** Der Flugplatz Winzeln Schramberg (Flugplatzweg 1, 78733 Aichhalden) bietet vor allem an Wochenenden Einblicke in den Flugbetrieb. Für Kinder gibt es einen Abenteuerspielplatz.

FREIBURG

29 — Das Augustinum
Luxus für den Herbst des Lebens

Lehnen Sie nicht ab, falls Sie zu einem Kaffee in die Seniorenresidenz Augustinum in Freiburg eingeladen werden. Muffige Linoleumböden und Blümchenkaffee brauchen Sie hier nicht zu befürchten, genauso wenig handelt es sich beim Augustinum um eine »Alte-Menschen-Verwahranstalt«. Schon die großzügige, in hellem Holz gehaltene Lobby erinnert eher an ein Sternehotel.

Linker Hand liegt das hauseigene Theater, in dem rund 60 Veranstaltungen pro Jahr stattfinden. Klassische Konzerte, kunsthistorische Vorträge, besondere Filme und Diskussionsrunden werden dort für die Bewohner der »Seniorenresidenz« und für Gäste angeboten. Etwas weiter kann man auf den Außenterrassen ein bisschen Sonne und Ruhe tanken. Ja, Terrassen, die Mehrzahl ist angebracht, denn den Besucher erwartet keine Drei-Quadratmeter-Betonterrasse mit weißen Plastikstühlen. Durch ein schickes Restaurant gelangt man auf eine großzügige Anlage verschiedener Ebenen aus dunklem Holz. Alle mit Blick auf einen riesigen Teich mit Wasserspiel, eingebettet in eine grüne Oase. Wenn man sich nach ausgiebiger Inspektion des Sitzangebotes für ein Lieblingsplätzchen entschieden hat, kann man ganz in Ruhe für sich sein. Wer auf der Suche nach einem Plausch zum Kaffee ist, kann auch höflich fragen, ob man sich zu jemandem dazusetzen darf. Denn bei allem Luxus der Umgebung trifft man trotzdem auf alte Menschen, die sich über eine Plauderei mit »Fremden« freuen.

So sitzen bunte Gruppen bei Caffè Latte und Kuchen zusammen: Bewohner der Anlage mit Verwandten und Bekannten, Studenten, Geschäftsleute und Anwohner aus der nahe gelegenen Siedlung. Die Mischung von Bewohnern und Gästen ist sowohl im Theater als auch im Restaurantbereich gern gesehen. Aber Vorsicht: Auch wenn man sich hier auf unverkrampfte Weise ein wenig sozial engagieren kann: Nicht jeder ältere Mensch, der allein sitzt, fühlt sich automatisch einsam.

Adresse Weierweg 10, 79111 Freiburg | **Anfahrt** Richtung Gewerbegebiet Süd, etwa 2 Kilometer geradeaus, nach den Sportanlagen links in die Innsbrucker Straße, 2. Abzweigung links in den Weierweg, Straßenbahn 3 Richtung Vauban bis Endhaltestelle Innsbrucker Straße | **Öffnungszeiten** Café und Restaurant täglich ab 11.30 Uhr | **Tipp** Rund um das Augustinum findet sich ganz viel Grün für ausgedehnte Spaziergänge, etwa zum Jesuitenschloss in Merzhausen oder zu den Falknervorführungen (www.axelhaas.de).

FREIBURG

30 Die Karzer
Der König des Zufalls

Walter Stegmaier hatte ziemliches Glück. Der junge Mann wurde 1911 als 3.000. Student an der Universität Freiburg eingeschrieben. Für diese nicht unbedingt selbst verdiente Ruhmestat gab es eigens einen Festzug durch die Stadt und als Geschenk eine goldene Uhr. Zum König des Zufalls wurde Walter Stegmaier aber erst von seinen Kommilitonen ernannt, als er nur wenige Monate nach der Ehrung der erste Insasse des neu renovierten Winterkarzers werden sollte.

Anfang des 20. Jahrhunderts unterstanden Studenten nicht der normalen Gerichtsbarkeit, sondern einer universitären. Und die kannte natürlich auch Haft. Um die Studenten sicher unterbringen zu können, gab es die Karzer, der berühmteste steht wohl in Heidelberg und gehört bei vielen Touristen zum Pflichtprogramm. Die Karzer in Freiburg sind unbekannter, vielleicht auch, weil sie nur wenige Jahre Bestand hatten und darum nur von relativ wenigen Studenten belebt – und bemalt – worden sind. Denn es war fast Tradition, dass Studenten sich die Zeit vertrieben, indem sie freie Wandflächen mit Bildern und Weisheiten zierten. Und es gehörte zum guten Ton, dass die Bilder nicht übermalt wurden.

Trotzdem waren die Bilder seit der Schließung im Jahr 1919 und einiger Umnutzungen der Räume nicht mehr wirklich in Schuss. Ein Freiburger Restaurator brachte alles wieder zum Vorschein, auch einen Fries, der das idealtypische Leben eines Studenten zeigt. Dieses wurde für Franz Anton Trautner, den ersten Häftling im Sommerkarzer, gemalt.

Heute sind die Karzer ein Bestandteil des Uniseums, eines Museums, das die lange Geschichte der Freiburger Universität und ihrer Fachrichtungen eindrucksvoll darstellt. Leider kommt man nur auf Anmeldung in den damals mit Heizung ausgestatteten Winterkarzer und den nur zur warmen Zeit nutzbaren Sommerkarzer. Von dort geht es auch auf den Universitätsturm, der einen tollen Überblick über die Stadt bietet.

Adresse Bertoldstraße 17, 79085 Freiburg | **Anfahrt** in wenigen Minuten vom Freiburger Münster aus zu Fuß zu erreichen, links in die Kaiser-Joseph-Straße, dann rechts in die Bertoldstraße | **Öffnungszeiten** Do – Sa 14 – 18 Uhr, Fr bis 20 Uhr | **Tipp** Der Stadtteil Waltershofen liegt auf 196 Metern über dem Meeresspiegel, der Schauinslandgipfel auf 1.284 Metern. Mit mehr als einem Kilometer Höhenunterschied hält Freiburg den bundesweiten Rekord. Und noch ein Superlativ: Das Gasthaus Zum Roten Bären (Oberlinden 12) soll das älteste Gasthaus Deutschlands sein. Der erste Wirt begann hier im Jahr 1311. Feine badische Küche steht auch heute noch auf der Speisekarte.

FREIBURG

31 Turmstraße 18
Das schmalste Haus der Stadt

Das schmalste Haus in Freiburg ist auf geführten Stadttouren eine beliebte Station. Steht man vor ihm in der Turmstraße, sucht man vergeblich nach einer Haustür. Die Hausnummer 18 ist am Garagentor angebracht, das die gesamte Breite von sagenhaft knappen 2,38 Metern einnimmt und zum Eingang umgewandelt wurde. Vormals war das Gebäude schlicht ein Hinterhaus, und das Haus daneben war das schmalste der Stadt. Durch die Umnutzung hat es seinem Nachbarn den attraktiven Titel abspenstig gemacht. Dafür zeigt das Haus 18a mit seinen 2,58 Metern Breite seit jeher sein Gesicht mit einer ordentlich erkennbaren Haustür. Selbst der gegenüberliegende Fahrradständer ist länger als die Breite beider Häuser zusammengerechnet.

Natürlich gibt es auch geführte Stadttouren per Rad. Denn wer in Freiburg etwas auf sein ökologisches Bewusstsein hält, ist auf zwei Reifen unterwegs. Eine vergleichbare Fahrraddichte gibt es sonst nur in Münster, Westfalen. 35.000 Radler sind täglich in der Innenstadt unterwegs. Die Stadt unterstützt dies mit einem 400 Kilometer langen Radwegenetz, das jährlich länger wird.

Selbst in der Fußgängerzone steigen die radelnden Freiburger nur ungern ab. Vielleicht, weil der einmal abgestellte Drahtesel ruckzuck weg sein könnte. Neben all der Hochkultur, dem Münster, der reizvollen Innenstadt mit seinen Bächle, hat die grüne Vorzeigestadt noch eine Besonderheit zu bieten, welche sie nicht so gern in den Mittelpunkt stellt: Freiburg führt in der Kriminalstatistik Baden-Württembergs und lässt selbst Stuttgart weit hinter sich zurück. Fahrradklau ist sehr beliebt. Am besten man bleibt gleich drauf sitzen und schaut sich vom Sattel aus die beiden Häuschen an. Dann kann man weiterfahren zum drittschmalsten Haus »Zur kleinen Leiter« in der Salzstraße. Es bekommt die Bronzemedaille für 3,10 Meter Breite und dazu einen Sonderpreis für die schönsten Fenster.

Adresse Turmstraße 18, 79098 Freiburg | **Anfahrt** vom Münster aus in wenigen Minuten zu Fuß erreichbar über die Rathausstraße, dann rechts auf den Rotteckring und die erste wieder rechts | **Tipp** Einen schönen Überblick über die Stadt bekommt man vom Schlossberg. Die schienengebundene Schlossbergbahn fährt vom nahe gelegenen Stadtpark am Leopoldsring in drei Minuten nach oben.

FREUDENSTADT

32 Schlosshotel Waldlust
Das einstmals beste Haus am Ort

Was hat der ungarische Serienmörder Bela Kiss mit dem beschaulichen Städtchen Freudenstadt zu tun? Das werden nicht einmal alle Freudenstädter wissen. Junge Stuttgarter Filmemacher drehten im Schlosshotel Waldlust einen Horrorfilm über den psychopathischen Killer. Das frühere Luxushotel bot eine herrschaftliche Kulisse für den Streifen. Seit ein paar Jahren liegt es im Dornröschenschlaf.

Im Waldlust ließen es sich die Schönen und Reichen gut gehen, als Freudenstadt im 19. Jahrhundert seine touristische Blütezeit erlebte. Die märchenhafte Natur, der überdimensionierte Marktplatz, die ihn umrahmenden Arkaden, zahlreiche historische Gebäude, Brunnen und Denkmale – Freudenstadt ist eine Reise wert. Das dachten auch der englische König George V. oder der amerikanische Schriftsteller Mark Twain, die dem Luftkurort ihren Besuch abstatteten. Der echte Bela Kiss, der 23 Frauen umgebracht und in Fässern auf seinem Grundstück gelagert hat, gehörte aber nicht zu den prominenten Gästen Freudenstadts.

Sieht man dem Bau von außen an, dass er schon länger leer steht, strahlen die Räume im Inneren noch die Opulenz der Vergangenheit aus – wenn auch in abgespeckter Form. Der Verein für Kulturdenkmale hat die Waldlust auf seine Agenda gesetzt. Man versucht, den Bau zumindest so weit in Stand zu halten, dass die langen Winter ihm nicht den Rest geben.

Wäre das Hotel das einzige Projekt, wäre dies noch zu stemmen, aber es gibt in Freudenstadt noch mehr, was man im Auge behalten will. Dazu gehört auch die Erhaltung der typischen Holzschindelfassaden, die immer mehr aus dem Stadtbild – und aus der ganzen Region – verschwinden.

Bleibt noch zu erwähnen, dass eine frühere Hoteliersgattin im Waldlust spuken soll. Geisterjäger konnten 2011 trotz Videofallen und Wärmekameras keine Beweise für paranormale Vorkommnisse liefern.

Adresse Lauterbadstraße 92, 72250 Freudenstadt | **Anfahrt** von der B 28 auf die Lauterbadstraße, nach 600 Metern (auf Höhe der Frühlingsaustraße) geht es rechts auf ein kleines Sträßchen, dieses bis zum Ende (etwa 200 Meter) durchfahren | **Öffnungszeiten** nur zu Führungen und Veranstaltungen durch den Verein für Kulturdenkmale Freudenstadt, www.denkmalfreunde.de | **Tipp** Um den größten umbauten Marktplatz in Deutschland mit Ausmaßen von 219 mal 216 Meter kommt kein Freudenstadt-Besucher herum. Der Grundriss wurde einem Mühlebrettspiel nachempfunden.

FURTWANGEN

33_ Das Deutsche Uhrenmuseum

Zeitbombe für Studenten

Bei den 3.600 Studenten der Hochschule Furtwangen hält sich hartnäckig die Mär, dass man durchs Diplom rasselt, wenn man das Deutsche Uhrenmuseum im Herzen der Schwarzwaldstadt – und direkt neben der Hochschule – besucht. Trotz verbilligten Eintritts gehen nur wenige das Risiko ein und verlegen eine Besichtigung der mehr als 1.300 ausgestellten Uhren aus aller Welt auf ihre Zeit als Postdiplomanden. Mit insgesamt rund 8.000 Zeitmessern, die das Museum in seinem Besitz hat, ist es das größte seiner Art auf der Welt.

Im Museumsshop sollte man genug Geld dabei haben, wenn man eine exklusive Uhr mit Stundenschlag der berühmten Schildermalerin Helga Faller erwerben will. Wer die 460 Euro für die Anschaffung scheut, kann die eigene Sammlung immer noch mit der kleinsten Schwarzwälder Uhr beginnen. Für 39 Euro gibt es das 7,5 Zentimeter messende Kleinod. Noch minimaler in Größe und Preis geht es mit Clocky, dem beliebtesten Mitbringsel aus dem Deutschen Uhrenmuseum. Um zu zeigen, dass der schicke Wecker für 7,50 Euro als Reiseutensil gedacht ist, steckt er in einem transparenten Köfferchen. Mancher Student, der zu oft verschlafen hat und durchs Diplom gefallen ist, hätte besser mal vorher das Uhrenmuseum besucht und sich Clocky als treuen Begleiter besorgt …

Noch ein Wort zu Furtwangen: Das sich hartnäckig haltende Gerücht, dass die Schwarzwaldstadt die bundesweit höchste Selbstmordrate haben soll, stimmt nicht. Im Schwarzwald-Baar-Kreis liegt die Furtwangener Suizidrate deutlich unter dem Durchschnitt. Trotzdem wollte ein Filmemacher eine schwarze Komödie über eine Selbstmordwelle in einem Schwarzwaldort drehen. Arbeitstitel: furtwangen.org. Der Bürgermeister bekam Wind von der Sache, und die Filmemacher kratzten die zahlreichen Kurven Furtwangens.

Adresse Robert-Gerwig-Platz 1, 78120 Furtwangen | **Anfahrt** von der B 500 nach Furtwangen, dann in die Lindenstraße in Richtung Fachhochschule, Parkhaus in der Grieshaber- oder der Baumannstraße | **Öffnungszeiten** April – Okt. 9 – 18 Uhr; Nov. – März 10 – 17 Uhr | **Tipp** Im oberen Wohnblock des Studentenwohnheims Großhausberg gibt es mit dem »Speicher« die höchstgelegene Studentenkneipe Deutschlands (mehr als 1.000 Meter über dem Meeresspiegel). Um in die Bar zu dürfen, muss man Bewohner sein oder von einem mitgebracht werden. Hauptsächlich jüngere Leserinnen dürften gute Chancen haben.

34 Das Unimog-Museum
Die Chance des Scheiterns

Unimog – das heißt Universal-Motor-Gerät. Ein Unimog ist kein Auto, kein Laster, sondern, wie Hersteller Mercedes-Benz es selbst sagt: eine Fahrzeuggattung für sich. Mehr als 50 Jahre lang war der Name mit der Gemeinde Gaggenau untrennbar verknüpft – bis 2002 die Produktion nach Wörth verlegt wurde. Ein schlimmer Schlag für den Ort im Nordschwarzwald – hieß es doch immer: »Gaggenau isch Unimog. Unimog isch Gaggenau.« Aber die Wirtschaft wollte Synergieeffekte nutzen, soll heißen, die Verlegung der Produktion half, Kosten zu senken und Gewinne zu steigern.

Bereits 2002 gründete sich in Gaggenau der Verein »Unimog-Museum«, der sich die Verbreitung des Wissens über das Universal-Motor-Gerät auf die Fahnen geschrieben hat. 2005 begann man zu bauen, 2006 wurde das Museum eröffnet.

Restlos begeistert ist der Museumsbesucher, wenn er im Außenbereich mit dem Unimog mitfahren kann. Zu bewältigen ist ein selbst für gute Geländewagen unmöglicher Parcours. Für den Unimog kein Problem. Auch die Rampe mit 100 Prozent Steigung schafft er spielend, während die Mitfahrer beim Bergabfahren mit großen Augen in den Seilen beziehungsweise im Sicherheitsgurt hängen. Warum der Unimog das alles kann, wieso er für das Militär unverzichtbarer fahrbarer Untersatz ist und von Werkhöfen und Landwirten geschätzt wird, erklärt der Fahrer gern nebenher auf der rund zehn Minuten dauernden Tour. Natürlich erfährt man das auch im Inneren des Museums, wo Gefährte aus den verschiedenen Jahrzehnten stehen, die teils die ganze Welt gesehen haben. Der Blick in die Fahrerkabine offenbart keinen Luxus, sondern eher eine zweckmäßige Atmosphäre. Wichtig ist, dass alles angeschnallt werden kann, denn auch wenn schwierigste Strecken für den Unimog kein Problem sind – es ruckelt doch kräftig. Nach der Theorie kann man sich beim Fahrertraining auch noch mal ganz praktisch durchschütteln lassen.

Adresse An der B 462, 76571 Gaggenau | **Anfahrt** A 5, Ausfahrt Rastatt-Nord, abbiegen Richtung Gaggenau auf die B 462, Ausfahrt Schloss Rotenfels | **Öffnungszeiten** Di – So 10 – 17 Uhr, montags nur an Feiertagen geöffnet | **Tipp** Wer das Museum nicht ohne sein eigenes Universal-Motor-Gerät verlassen möchte, hat im Shop die Gelegenheit, einen en miniature mitzunehmen. Direkt neben dem Museum ist die Akademie Schloss Rotenfels, wo man im Park spazieren kann.

GENGENBACH

35 Das Rathaus
Der größte Adventskalender der Welt

Das Gengenbacher Rathaus hat es zu einer weit überregionalen Bekanntheit gebracht, deren winterliche Geschichte im Sommer begann. Bei bestem Wetter stand ein pfiffiger Geschäftsmann aus dem Ort davor und zählte die Fenster der Rathausfront. Er kam auf 24 Stück. Seither erstrahlt der »weltgrößte Hausadventskalender«, und die Mitarbeiter der Stadt sitzen in der dunklen Jahreszeit noch mehr im Dunklen. Denn die von außen bestens zu betrachtenden illuminierten Objekte, für die stets renommierte Künstler gewonnen werden können, sind vor die Fenster montiert. Maßgebend zuständig für die hochambitionierten Inhalte der Adventstürchen ist Reinhard End, künstlerischer Leiter des gegenüberliegenden Museums Haus Löwenberg. Dort finden zeitgleich die Sonderausstellungen der Künstler statt, die mit der Ausschmückung des Rathauses verpflichtet werden konnten.

Da die Realisation vom Anfragen der Rechte bis hin zur künstlerischen und technischen Umsetzung für das Aktionsteam ein Riesenunterfangen ist, bleiben die Türchenbilder drei Saisons bestehen. Wer will, kann Bildpate werden, muss dazu aber etwas tiefer in die Tasche greifen. Dafür darf man das Bild nach drei Jahren als Dauerleihgabe mit nach Hause nehmen. So begegnet man im Ort vielen ehemaligen Türchen, die ihre Paten stolz ausstellen.

Vollen Einsatz bringen auch die Kinder, die jeden Abend das Ritual zur Fensteröffnung spielen wollen. Passend zum Kalender entsteht jedes Jahr ein kleines Schauspiel, das neben den wechselnden Musikgruppen zum festen Rahmenprogramm gehört. Rund um die Bühne auf dem Weihnachtsmarkt herrscht ein strenges Regiment: In den einheitlich geschmückten Buden wird nur Gengenbacher Glühwein der Winzergenossenschaft ausgeschenkt. Nicht etwa in Pappbechern, sondern stilvoll in Porzellantassen der Zeller Keramikfabrik (siehe Seite 230), die extra abgestimmte Adventeditionen herausbringt.

Adresse Victor-Kretz-Str. 2, 77723 Gengenbach | **Anfahrt** A 5, Ausfahrt Offenburg, in Richtung Villingen-Schwenningen, Gengenbach ist ausgeschildert; auf der B 33 bis Ausfahrt Berghaupten/Gengenbach Historische Altstadt bleiben, hier Richtung Altstadt über die Kinzig fahren | **Tipp** Im Kinzigtorturm befindet sich auf sechs Etagen das wehrgeschichtliche Museum. Man erfährt einiges über Geschichte und Funktion des Kinzigtorturms. Auch die Vergangenheit der Gengenbacher Bürgerwehr ist dokumentiert.

GLATTEN

36_Das Naturerlebnisbad
Ohne Chlor geht's auch

Die Gemeinde Glatten trägt das zwölfschaufelige Mühlrad schon im Wappen. Das passt auch deshalb, weil hier die Mühlen der Bürokratie sehr langsam mahlen. Da wurden seit 40 Jahren Gutachten erstellt, Vorschläge unterbreitet und wieder verworfen. Thema war, wie das Freibad aus den 1930er Jahren zu modernisieren sei. Die Zögerlichkeit der Behörden entpuppte sich als Glück. Nach der letzten Überprüfung im Jahre 2005 war der Zustand des alten Freibads so schlecht, dass sich eine Instandsetzung nicht mehr lohnte. Der Weg war frei für von Grund auf neue Ideen.

Herausgekommen ist ein Naturerlebnisbad. Nicht zu verwechseln mit einem natürlichen Badesee. Künstlich erbaut, hat es den Vorteil einer eingebauten Filteranlage, wodurch das Badewasser sauber bleibt – komplett ohne Chlor. Die Reinigung übernimmt eine dreistufige Pflanzenfilteranlage. Das Wasser ist weich und sauber. Fische müssen allerdings draußen bleiben, und Wasservögel sind wegen der Verschmutzungsgefahr nicht gern gesehen. Da setzt der Verein »Naturerlebnisbad Glatten« auf Abschreckung mit »Gummiente«: Aufblasbare Schwimmtiere sollen sie vertreiben.

Ästhetisch fügt sich das Hauptbecken fast wie ein Badesee in die Umgebung ein. Für die Kleinen baute man einen Spielplatz mit Bach, für die Großen ein Beach-Volleyball-Feld. Sprungfelsen und Spielfloß binden die Landschaft und die Flößergeschichte mit ein. Ausspannen kann man auf dem Sonnendeck oder im Biergarten.

Das Land unterstützte die Gemeinde als Bauherrin finanziell. Den Löwenanteil an den Betriebskosten sowie die Pflege rund ums Jahr stemmt der Verein »Naturerlebnisbad Glatten« mit seinen rund 1.200 Mitgliedern. Als Mitglied darf man das Bad auch außerhalb der Öffnungszeiten genießen, was bei der wachsenden Beliebtheit der Anlage von Vorteil ist.

Das alte Freibad erfüllt übrigens auch noch seinen Zweck: Es ist Teil der Filteranlage geworden.

Adresse An der Lombacher Straße, 72293 Glatten | **Anfahrt** von Freudenstadt L 460, die zur K 4745 wird, nach Dietersweiler kommt man nach Glatten, das Bad ist unübersehbar rechter Hand | **Öffnungszeiten** Di – Fr 13 – 19 Uhr (in den Schulferien schon ab 11 Uhr), Sa, So, feiertags 10 – 19 Uhr | **Tipp** Im nahen Loßburg gibt es den Zauberpfad, einen tollen Naturpfad mit einer Länge von etwa 1,8 Kilometern rund um die Quelle der Kinzig, wo man im Sommer sogar eine Fee finden kann. Toll ist der Blick vom Aussichtsturm.

37 — Die Schwarzwaldklinik
Ein fast vergessener Pilgerort

In den 1980er Jahren starrten jede Woche 25 Millionen Menschen gebannt in ihren Fernseher: Deutschlands erste und erfolgreichste Arztserie, die Schwarzwaldklinik, erreichte Einschaltquoten von mehr als 60 Prozent. Der gütige Professor Brinkmann, die keifende Oberschwester Hildegard und der vorlaute Krankenpfleger Mischa lebten und arbeiteten in einem Paradies – scheinbar. Denn der Carlsbau im Glottertal, einst tatsächlich eine Klinik, wurde nur für die Außenaufnahmen genutzt. Innenaufnahmen kamen in Hamburg in den Kasten, das Haus, in dem Dr. Brinkmann wohnte, liegt nicht im Glottertal, sondern steht in Wirklichkeit mehr als eine Stunde Fahrt entfernt. Trotzdem wurde der Carlsbau – im Serienvorspann perfekt aus der Luft in Szene gesetzt – zum Sinnbild der Schwarzwaldklinik überhaupt.

Noch heute, obwohl die Remake-Filme eher enttäuschende Einschaltquoten brachten, reisen täglich Pilger an, die an der echten Klinik im Tal ihr Auto abstellen und den relativ steilen Spaziergang auf sich nehmen.

Oben angekommen erwartet einen der so vertraut wirkende Carlsbau. Kurz in frühere Zeiten versetzt fühlt man sich, wenn man vor dem Eingang steht, über dem immer noch der Schriftzug von damals prangt. Darunter liest man, dass im Carlsbau nur noch eine Fernsehproduktionsfirma logiert. Mehr gibt es kaum zu sehen. Doch wieder im Tal angekommen, findet man das äußerlich wenig geschmackvolle Café und Souvenirgeschäft Schill, dessen Besitzer in der Blütezeit der ersten Krankenhausserie Deutschlands sehr gut verdient hat an den zahllosen Touristen. Es heißt, er habe fast alles Geld wieder ins Café gesteckt. Doch dann wurde die Serie abgesetzt. Hier, wo Brinkmann-Darsteller Klausjürgen Wussow auch schon nach Drehschluss gesehen worden ist, kann man in schwarzwaldklinischen Erinnerungen schwelgen. Und dabei die Vitrine mit absolut unverkäuflichen Souvenirs bewundern.

Adresse Badstraße, 79286 Glottertal | **Anfahrt** A 5, Ausfahrt Freiburg Nord Richtung Denzlingen auf die B 294, auf die L 112 nach Glottertal abbiegen, parken an der Badstraße im Tal | **Tipp** Die steilsten und mit bis 500 Metern über dem Meeresspiegel höchstgelegenen Weinberge Deutschlands haben die Glottertaler Winzer zu bewirtschaften. In den zahlreichen Gasthöfen kann man sich das Ergebnis schmecken lassen. Ob »Roter Bur« oder »Schefelwein«, Sie finden hier etwas Besonderes.

38 Das Feuerwehrhaus
Treffpunkt der Wissenschaft

Zweimal im Jahr fallen Wissenschaftler aus aller Welt in die Tuniberggemeinde Gottenheim ein. Dabei spielt das Feuerwehrhaus eine zentrale Rolle. Nicht, weil es sich um Theoretiker der Löscharbeit handelt, sondern weil man dort Platz hat. Allerdings reicht der längst nicht mehr aus. Ein Amerikaner, Joseph Bonnici von der Universität Boston, hat das Treffen in Form einer internationalen Konferenz namens »European Conference for Academic Disciplines« für junge Wissenschaftler verschiedener Fachgebiete ins Leben gerufen. Die rund 2.600 Einwohner zählende Weinbaugemeinde hatte es ihm bei einem Besuch 2007 angetan. Die »heimelige Atmosphäre und die Gastfreundschaft der Gottenheimer« ließen in dem Mitglied des »International Journal of Arts and Sciences« die Idee reifen, neben Orten wie Prag, Wien, Paris, Boston und Las Vegas auch in Gottenheim zur Konferenz zu laden. Damit stieß er bei Bürgermeister Volker Kieber auf offene Ohren. Seither stieg die Teilnehmerzahl rapide an. Im Frühjahr 2011 war laut Kieber mit 240 Wissenschaftlern aus 37 Nationen das Limit erreicht. Man wich in Räumlichkeiten der Grundschule aus.

Forscher aus allen Teilen der Erde, die meist über Stipendienprogramme ihrer Universitäten an den Konferenzen teilnehmen können, tauschen sich wissenschaftlich aus und knüpfen Kontakte. Dabei spielt natürlich auch die badische Gastlichkeit eine große Rolle – inklusive der Nähe zu Frankreich und der Schweiz. Besonders außereuropäischen Gästen gefällt es, bei der Konferenz gleich drei europäische Länder besuchen zu können. In gemeinsamen Ausflügen erkunden die Wissenschaftler Städte und Landschaften im Dreiländereck.

Doch nicht nur die Teilnehmer profitieren von ihrem Aufenthalt. Die Hotels in der Umgebung sind ausgebucht, die Gastronomie hat ordentlich zu tun. Und das kleine Gottenheim kann sich als Universitätsstadt auf Zeit fühlen.

Adresse Bahnhofstraße, 79288 Gottenheim | **Anfahrt** A 5, Ausfahrt Freiburg/Mitte, Richtung Umkirch halten, von dort nach Gottenheim | **Tipp** Zwischen Schwarzwald und Vogesen erhebt sich wie eine Insel der 100 Meter hohe Tuniberg. Der Burgunderpfad erschließt den Tuniberg für Wanderer. Er beginnt am Nimberg in der March und verläuft über Gottenheim an der Nordspitze bis nach Munzingen an der Südspitze (14 Kilometer).

39 __ Rothaus Bier
Der Geschmack des Schwarzwalds

Angefangen hat alles mit den Mönchen. Die Benediktiner des nahe gelegenen Klosters in St. Blasien haben wohl auf Reisen bei Kollegen deren Bier gekostet und sich gedacht: Das können wir auch. 1791 tranken sie ihr erstes selbst gebrautes Rothaus-Bier. Der Volksmund sagt übrigens, dass die Brauerei noch eine andere Funktion erfüllen sollte: Die Mönche wollten demnach die Schwarzwälder vom übermäßigen Schnapskonsum abbringen. Heute ist Rothaus die Badische Staatsbrauerei Rothaus AG, deren Aufsichtsratszusammensetzung sich besonders nach einem Regierungswechsel auch schon einmal zu einem Politikum ausweiten kann. So hörte man von CDU-Anhängern, die sich nach Jahren des Zäpfle-Genusses nach dem Sieg der Grün-Roten im Ländle eine neue Hausmarke suchen wollten. Aber das sind wohl die gleichen Leute, denen es sowieso lieber gewesen wäre, das Bier hätte von Anfang an Schwarzhaus geheißen.

Wichtigstes Produkt und Exportschlager ist das Tannenzäpfle, 0,33 Liter heller Gerstensaft nach Pilsener Brauart. Die braune Flasche ist am Kronkorken mit goldener Metallfolie eingeschlagen, auf dem Etikett findet sich das stilisierte Bild eines Schwarzwaldmädels in typischer Tracht, das zwei gefüllte Biergläser trägt. Wer den Schwarzwälder Humor kennt, weiß, dass das Mädel auch einen Namen haben muss: »Biergit Kraft«. Außerdem sind auf dem Etikett von Zweigen hängende Fichtenzapfen abgedruckt. Würden die Zweige zur im Schwarzwald typischen Weißtanne gehören, müssten sie nach oben stehen. Die Staatsbrauerei erklärt diese grafische Ungereimtheit damit, dass die Fichte auch Rottanne genannt wird – das passt doch wieder zum Rothaus-Bier.

Auch wenn im Tannenzäpfle zu 100 Prozent das gleiche Gebräu abgefüllt ist wie in den größeren 0,5-Liter-Pils-Flaschen, schwören Laien sowie Degustatoren, dass es sich um verschiedene Geschmacksrichtungen handeln müsse. Tut es aber nicht.

Adresse Rothaus 1, 79865 Grafenhausen-Rothaus | **Anfahrt** Zwischen Bonndorf und Schluchsee verläuft die L 170, direkt an der Kreuzung mit der L 157 (nach Grafenhausen) liegt die Brauerei. | **Öffnungszeiten** Der Brauereigasthof ist für die Brauereibesichtigungen zuständig, nimmt aber nur Gruppen ab 15 Personen an. Einzelpersonen können sich nach vorheriger telefonischer Anmeldung eventuell einer Gruppe anschließen, Tel. 07748/522-9600. | **Tipp** Das Heimatmuseum Hüsli (Hüsli 1) diente während der Dreharbeiten zur Schwarzwaldklinik (siehe Seite 82) als »Wohnsitz« von Professor Brinkmann.

GRENZACH-WYHLEN

40_ Der Schacht
Klein Dubai oder Blue Lagoon

Grenzach-Wyhlens Toplagen am Rhein gehören größtenteils der Industrie. Große Namen der Chemie- und Pharmabranche haben dort eine lange Geschichte. Das südlichste Stück Schwarzwald ist ebenfalls Industriegebiet – noch. Im Gebiet »Am Schacht« gibt es ein Asphaltmischwerk, ein Betonfertigteil- und ein Kieswerk. Gleichzeitig aber auch geschützte Naturräume und einen Spazierweg direkt am Rhein.

Die Grenzach-Wyhlener staunten nicht schlecht, als ein Schweizer dort vor wenigen Jahren die Vision einer Lagunenlandschaft skizzierte. Schnell hatte die Vision den verächtlichen Namen »Klein Dubai« weg, doch je mehr man sich damit beschäftigte, umso mehr Chancen sah man und nutzte fortan den Begriff, den der Projektentwickler gewählt hatte: die Lagune. Eine solche soll dort ausgehoben werden, dazu eine Brücke über den Rhein entstehen. Zudem ist ein riesiges Naturschutzgebiet mit einem neuen Rheinseitenarm vorgesehen. Das alles soll die rund 500 Luxuswohneinheiten (mit durchschnittlich 160 Quadratmetern Wohnfläche) schmackhaft machen, die den Topmanagern Basels eine Heimstatt samt Flaniermeile mit Restaurants und Geschäften bieten sollen.

Die Gemeinde reibt sich angesichts mindestens 1.000 neuer Bürger die Hände. Die Bauwirtschaft hat Dollar-Zeichen in den Augen. Einige Naturschützer sind dafür, andere dagegen.

Ein Spaziergang über den Hochrheinwanderweg am südlichsten Zipfel hat auf jeden Fall auch heute schon seinen Reiz. Startet man »Am Schacht« und hält sich östlich, wechseln sich schöne Ausblicke in die Natur mit dem eher morbiden Charme von Industrieanlagen ab. Nach wenigen Minuten erreicht man die wirklich südlichste Ecke des Schwarzwalds. Die ist allerdings von Zäunen abgetrennt, weil dort Kiestransportbänder verlaufen. Noch etwas weiter findet sich ein kleines Paradies: Ein wunderschönes Biotop ist mit mehreren schilfbewachsenen Teichen Heimat für allerlei seltene Tiere.

Adresse Am Schacht, 79639 Grenzach-Wyhlen | **Anfahrt** von der B 34 in Wyhlen in die Rheinstraße abbiegen, am Asphaltmischwerk geradeaus in die Straße »Am Schacht«, links parken | **Tipp** Das Regionalmuseum Römervilla im Ortsteil Grenzach (Hauptstraße 25) bringt Groß und Klein das Leben von Gutsherrn Carantius an diesem Ort näher und ist einen Besuch wert. Öffnungszeiten des Museums: April bis 1. Nov. sonntags 15 – 18 Uhr, Mitte Juli bis August zusätzlich mittwochs 17 – 19 Uhr.

41 Die Kirche St. Georg
Beliebter Totentanz

Irgendwann kommt für jeden die Zeit, sich von der irdischen Welt zu verabschieden. Da nützen dem Banker seine Boni so wenig wie dem Rockstar der Ruhm oder dem Model die Schönheit. Der Tod ist in Bleibach auf besondere Weise verewigt. In der Kirche St. Georg, die durch ihre Architektur das Alte mit der Neuzeit herausragend verbindet, findet sich ein Durchgang ins Beinhaus, wo der »Totentanz« besichtigt werden kann.

Das Beinhaus stammt aus dem frühen 18. Jahrhundert und diente dazu, Platz auf dem Friedhof um die Kirche zu schaffen. Wurden die Grabfelder knapp, öffnete man die ältesten Gräber. Die Gebeine sollten aber im Umfeld der Kirche einen würdigen Aufbewahrungsort behalten.

Zentral über allen Bildern spielt eine Kapelle aus sechs Skeletten auf ungewöhnlichen Instrumenten. So benutzt etwa der Paukist zwei Oberschenkelknochen als Schlägel, der Violinist streicht mit einer Sense über die Saiten. Am Rand des Tonnengewölbes sind die weiteren Bilder samt Beschreibung angebracht.

Der gute Zustand macht den Bleibacher Totentanz einmalig in Südbaden. Neben den Musikern gibt es 33 Szenen, in denen der Sensenmann Menschen aller Stände zum Tanz auffordert, sei es den Papst, den Pfarrer, den Kaufmann, die Kaiserin, die Jungfrau oder das Kind.

In vier Zeilen erklärt der Tod, warum das Lebensglas des Angesprochenen leer ist. Die meisten, die er holen will, sträuben sich in ihren vier Antwortzeilen, ihn zu begleiten. Nur der Blinde freut sich, da er wieder ein Licht erkennen kann.

Kulturhistorisch sind die Gemälde besonders wertvoll, weil sie zeigen, wie die Menschen um das Jahr 1723 gekleidet waren. Bei der Bäuerin zum Beispiel kann man sehen, dass sich die noch heute getragene Elztaler Tracht in den vergangenen knapp 300 Jahren nicht verändert hat.

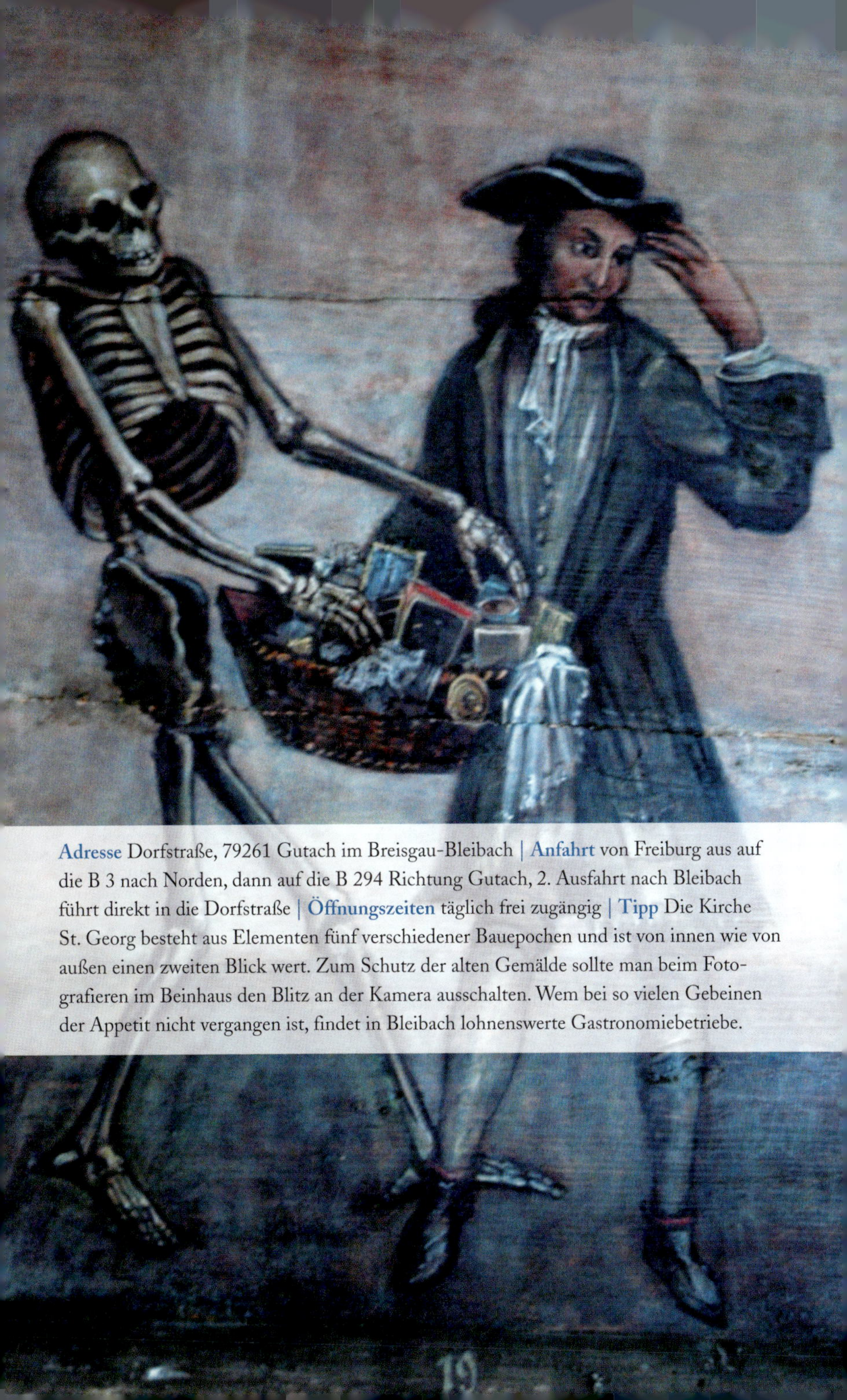

Adresse Dorfstraße, 79261 Gutach im Breisgau-Bleibach | **Anfahrt** von Freiburg aus auf die B 3 nach Norden, dann auf die B 294 Richtung Gutach, 2. Ausfahrt nach Bleibach führt direkt in die Dorfstraße | **Öffnungszeiten** täglich frei zugängig | **Tipp** Die Kirche St. Georg besteht aus Elementen fünf verschiedener Bauepochen und ist von innen wie von außen einen zweiten Blick wert. Zum Schutz der alten Gemälde sollte man beim Fotografieren im Beinhaus den Blitz an der Kamera ausschalten. Wem bei so vielen Gebeinen der Appetit nicht vergangen ist, findet in Bleibach lohnenswerte Gastronomiebetriebe.

42 — Der Balzer Herrgott
Jesus wohnt im Baum

Seit einigen Jahren ist Pilgern wieder richtig in. Abseits der ausgewiesenen langen Pilgerwege und berühmten Stätten hat sich im Gütenbacher Wald eine Weidbuche zum Ort des Innehaltens und Staunens entwickelt. Fest umschlungen hält der Baum eine Christusfigur aus Sandstein. Nur der Kopf und ein Teil der Brust schauen noch heraus. Eigentlich wäre der »Balzer Herrgott« schon lange im Baum verschwunden, würde man ihn nicht von Zeit zu Zeit herzförmig freischneiden.

Die Anreise zum »Balzer Herrgott« ist für hartgesottene Pilger unspektakulär, man erreicht ihn auf zwei unterschiedlichen Wanderwegen. Der mühsamere geht von der »Hexenlochmühle« rund drei Kilometer steil bergauf. Der andere Zugang ist ein breiter, bequemer Waldweg von oberhalb und ein schöner Spaziergang für Familien und Menschen, die nicht so gut zu Fuß sind.

Von Pilgerströmen ist hier keine Spur. Oft steht man allein vor dem Balzer Herrgott, und der Wald lädt ein, sich einen Moment niederzulassen vor dieser Skulptur. Woher auch immer der Torso aus Stein stammt, wer ihn dort warum vor mehr als 100 Jahren befestigte, darüber gehen die Meinungen auseinander. Skurrile und glaubwürdige Erklärungen sind im Umlauf. Der Balzer Herrgott soll jedenfalls ab der Mitte des 19. Jahrhunderts zunächst in der Nähe der Buche achtlos am Boden gelegen haben, bevor zwei Uhrmachergesellen ihn wohl zwischen 1870 und 1880 an der Buche befestigten.

Der baumbiologische Aspekt hingegen wurde ausführlich analysiert und die verschiedenen Stationen der Umwallung des Jesus durch die Weidbuche auch auf einer Schautafel am Pilgerort dokumentiert. Für den Moment bleibt der Anblick einer einzigartigen Skulptur im Zusammenwirken von Glaube, Mensch und Natur. Und rührt vielleicht, ganz unabhängig davon, mit welchen Einstellungen man im Leben steht, etwas in einem an. Und sei es die pure Freude über dieses schöne Kunstwerk.

Adresse 78148 Gütenbach | **Anfahrt** Direkt hinter der Hexenlochmühle (Hexenloch 13, Furtwangen) startet der mühsamere Weg. Für den leichteren Weg folgt man an der L 173 der Beschilderung »Balzer Herrgott« und fährt ein paar Kilometer geradeaus. Wenn man an einem Hofgut ankommt, ist es nur noch ein kleines Stück bis zum Waldparkplatz. | **Tipp** Wer nach der geistigen Erbauung dem Körper etwas Gutes tun will, findet in der Umgebung zahlreiche Landgasthöfe.

43 — Der Salmen
Shakespeares Abendmahl

Dass Adolf Zimmermann, der Salmen-Wirt, sich offen gegen die Nazis positioniert hatte, darauf sind die Mitglieder des Salmen-Vereins stolz. Er soll sogar versucht haben, seinen Vornamen ändern zu lassen, weil er nicht mehr Adolf heißen wollte. Die Badenwacht, die Saalschutztruppe der christlich-orientierten Zentrumspartei, sei in der Wirtschaft gegründet worden, heißt es. Die Wirtschaft lag im Erdgeschoss und bestand seit 1768 zusammen mit einem Laden. Im oberen Stock gab es den Saal, der vor dem Krieg auch zum Turnen genutzt wurde. Irgendwann kamen die ersten Fremdenzimmer des Orts mit fließendem Wasser dazu.

350 Mitglieder zählt der Verein Salmen, der seit März 2008 das Gebäude wieder auf Hochglanz gebracht hat. Rund 10.000 Arbeitsstunden wurden ehrenamtlich geleistet, jeden Samstag kommen weitere hinzu. Seit Eröffnung im Mai 2011 gibt es zweimal im Monat ein Kulturprogramm. Kleinere Veranstaltungen finden in der Wirtschaft statt, die nur zu solchen Gelegenheiten geöffnet hat, größere weichen in den Saal mit seiner Bühne aus.

Dort gibt es die absolute Besonderheit, die den Salmen noch einmaliger macht. Eine ganze Wand ist mit einem dreidimensional wirkenden Gemälde Andrea Berthels bedeckt, das die wichtigsten Charaktere aus Shakespeares Werk zusammenbringt. Mit zwei Figuren können aber auch Shakespeare-Kenner auf den ersten Blick nichts anfangen. Zu sehen sind zum einen die Malerin selbst und neben ihr etwas versteckt Professor Dietrich Schwanitz, Anglist, Literaturwissenschaftler, Autor, etwa von »Der Campus«, der Auftraggeber des Gemäldes. Schwanitz hatte das Anwesen gekauft, nachdem weder Wirtshaus noch Laden länger zu halten waren. Eine Autorenwerkstatt sollte hier entstehen, doch bis zu seinem Tod im Jahr 2004 in Hartheim hat er dieses Ziel nicht mehr erreicht. Der Salmen-Verein hat gerade einen Raum neben dem Saal zu einem kleinen Schwanitz-Museum ausgebaut.

Adresse Rheinstraße 20, 79258 Hartheim am Rhein | **Anfahrt** A 5, Ausfahrt Hartheim | **Öffnungszeiten** zu Veranstaltungen, www.salmen-hartheim.de | **Tipp** Der idyllische Altrhein lädt zum gemütlichen Spazierengehen, Wandern, Radfahren, Joggen oder Walking ein. Im Sommer kann man es sich an mehreren Grillplätzen in freier Natur schmecken lassen.

HAUSACH

44 Die Schwarzwald-Modelleisenbahn

Großes im Kleinen

Eine bessere Adresse für eine Modelleisenbahn kann es kaum geben: Die Anlage in Hausach hat ihren Sitz in der Eisenbahnstraße, gegenüber vom Bahnhof. Das findet jeder. Und tatsächlich hat sich die Schwarzwaldlandschaft in der Halle schnell zu einem beliebten Ausflugsziel für Familien mit Kindern, aber auch zahlreiche Senioren gemausert. Den älteren Herren merkt man an ihrer Begeisterung an, dass sie früher selbst dem Hobby gefrönt haben, kleine Züge durch nachgebildete Landschaften rollen zu lassen.

Aber Hobby ist es bei den Betreibern der Schwarzwald-Modelleisenbahn längst keines mehr. Eher ein Beruf, in den man sein Herzblut einbringen kann. Denn die Investitionen waren gewaltig. Ergebnis ist ein staunendes »Ohh«, wenn neue Gäste das Innerste der »heiligen Halle« betreten. Tausende von LED-Lämpchen lassen die gewaltig wirkende Schwarzwaldlandschaft entweder in hellem Tages- oder schummrigem Nachtlicht erstrahlen. Beides hat seinen Reiz und wechselt sich ab. So kann man nachts durch die beleuchteten Fenster der Züge schauen, in manch einem Haus winzige Überraschungen finden und ahnt, welch unsagbare Mühe hinter den Bahnhofsbeleuchtungen steckt. Am Tag lassen sich andere Einzelheiten entdecken: naturgetreue Nachbildungen von Bahnhöfen, Tunneln, Schwarzwaldhöfen, Straßen, Steinbrüchen, 50.000 Minitannenbäumen und winzigen Menschen, die beim Ausüben ihrer Tätigkeiten eingefroren zu sein scheinen.

Was für eine logistische Leistung es ist, die Fahrpläne der Modelle im Maßstab 1:87 (Spur H0) so zu gestalten, dass es zu keinen Unfällen kommt, wird den meisten Besuchern gar nicht bewusst. Es sind immer um die 50 Züge unterwegs auf den 1,3 Kilometern Gleisstrecke. Mit einem Blick hinter die Kulisse auf die Rangierbahnhöfe kann man sich vergewissern, dass alles glatt läuft.

Adresse Eisenbahnstraße 52 a, 77756 Hausach | **Anfahrt** B 33 aus Richtung Offenburg oder Villingen-Schwenningen | **Öffnungszeiten** April – Nov. 10 – 18 Uhr; Dez. – März 11 – 17 Uhr, montags Ruhetag | **Tipp** Hausach nennt sich »Die Stadt unter der Burg«. Diese Burgruine Husen kann man über einen Fußweg von der Hauptstraße aus erreichen (rote Raute).

45 Der Klausenhof
Der älteste Bauernhof des Schwarzwalds

Alle unter einem Dach: Bauer und Bäuerin, Kinder, Knechte, die Magd, Ziegen, vielleicht noch ein Schwein, Hühner. Eine Feuerstelle, aber kein Kaminabzug. Der Klausenhof wird datiert auf das Jahr 1424 und gilt damit als ältester Hof im Schwarzwald. Unzählige Menschen und Tiere waren hier im Laufe der Jahrhunderte daheim.

Seit 1955 stand der Bau mit Strohdach verlassen da und drohte zu verfallen. In den 1970er Jahren zeigten das Freilichtmuseum Vogtbauernhof und die Gemeinde selbst Interesse an dem Altbau. Das Museum musste sich letztlich mit einem Nachbau des Klausenhofes begnügen, der in Gutach/Schwarzwald (nicht verwechseln mit Gutach im Breisgau!) zu sehen ist. Um den Originalhof in Großherrischwand überhaupt erhalten zu können, trug man ihn stückweise ab und versetzte das gesamte Gehöft um 500 Meter.

Heute wirken die niedrigen Räume schmuck und gediegen, liebevoll bestückt mit alten Möbeln und bäuerlichen Gebrauchsgegenständen aus dem 18. und 19. Jahrhundert. Der Hof mitsamt Backhaus, Schmiede und Lindauer Säge wurde zum Freilichtmuseum. Idyllisch präsentiert er sich mit Bauerngarten und Obstbaumplantage. Die harten Lebensbedingungen vergangener Zeit kann man sich nicht wirklich vorstellen. Im Gegenteil: Romantik hat Einzug gehalten. Die gute Stube verwandelt sich oft in ein Trauzimmer. Wenn jemand in der kalten Jahreszeit dort heiraten möchte, wird der Kachelofen angefeuert, der noch heute fürs Brotbacken geeignet ist. Allerdings in der Früh, sonst sind die Brautleute am Ende der Zeremonie durchgeräuchert, denn einen Kamin hat man natürlich auch bei der letzten großen Sanierung 2011 nicht nachträglich eingebaut.

Eine gute Ergänzung für mehr Geschichtserfahrung bietet seit 25 Jahren die Freilichtbühne Klausenhof. Die Mundartstücke beschäftigen sich mit der Geschichte und herausragenden Persönlichkeiten des Hotzenwalds.

Adresse Ecke Lindenweg/Schellenbergstraße, 79737 Herrischried-Großherrischwand | **Anfahrt** aus Richtung Bad Säckingen L 152 nach Rickenbach/Herrischried, nicht links abbiegen Richtung Herrischried, sondern geradeaus auf der L 151 bleiben bis Groß-herrischwand | **Öffnungszeiten** Jan. – April So, feiertags 14.30 – 17.30 Uhr; Mai – Okt. zusätzlich Mi, Sa zur gleichen Zeit | **Tipp** Unmittelbar neben dem Freilichtmuseum befindet sich auch eine Glaswerkstatt mit Dauerausstellung.

46 — Das Hornberger Schießen
Minnesang, die Schwarzwaldbestie und das größte WC der Welt

Wird etwas aufwendig angekündigt, findet dann aber nicht statt, geht es aus »wie das Hornberger Schießen«. Dass jedes Kind schon vom Hornberger Schießen gehört hat, steht in dem hübschen Schwarzwaldstädtchen sogar auf einem Brunnen angeschrieben. Der bei den Hornbergern beliebteste Erklärungsversuch zur Herkunft der Redensart bezieht sich auf das Jahr 1564, als ein Herzog angemeldet war, den man mit Salut begrüßen wollte. Als man eine Staubwolke sah, schoss man die Kanonen ab, aber es war nur ein Hirte mit seiner Rinderherde. Als der Herzog kam, war alles Pulver verschossen, die Hornberger improvisierten und ahmten mit »Piffpaff«-Rufen den Kanonendonner nach. Bundesminister Wolfgang Schäuble, der in Hornberg aufgewachsen ist, nannte das Hornberger Schießen in einem Interview mit der Süddeutschen Zeitung »die erste Abrüstungsinitiative der Welt«.

Schon im 13. Jahrhundert war der Name Hornberg berühmt durch den Minnesänger Bruno von Hornberg, dem man auch heute noch in der Stadt begegnen kann. Wenig stolz dagegen ist man auf eine andere geschichtsträchtige Figur: Heinrich Pommerenke, auch »Die Schwarzwaldbestie« genannt. Pommerenke war Anfang der 1950er Jahre aus der DDR übergesiedelt. In Hornberg arbeitete er als Tellerwäscher, spielte mit den Schäuble-Brüdern Fußball und begann seine grausame Karriere als Frauenmörder und Vergewaltiger. Wegen vierfachen Mordes, sieben Mordversuchen, zwei Vergewaltigungen und sechs Raubüberfällen saß er bis zu seinem Tod im Jahr 2008 49 Jahre in Haft – länger als sonst ein Mensch in der Geschichte der Bundesrepublik.

Nach dem grausigen Superlativ noch ein skurriler: In Hornberg steht das größte WC der Welt mit 7,10 Metern Höhe und 11 Tonnen Gewicht. Es gehört zum Duravit Design Center, Hauptgebäude des Badezimmereinrichters. Das WC dient als Aussichtsplattform.

Adresse das größte Klo der Welt: Werderstraße 36, 78132 Hornberg | **Anfahrt** B 33, Ausfahrt nach Hornberg | **Öffnungszeiten** Mo – Fr 7.30 – 19 Uhr, Sa 12 – 16 Uhr | **Tipp** Seit den 1950er Jahren wird jährlich das »Hornberger Schießen« auf einer schönen Freilichtbühne mit tollen Kulissen und Originalkostümen nachgespielt.

IBACH-LINDAU

47 — Die Ufolandebahn
Wir sind bereit für ihre Ankunft!

In den 1980er Jahren erlangte Uriella, mit bürgerlichem Namen Erika Bertschinger, ziemliche Berühmtheit. Sie bezeichnet sich als Sprachrohr von Jesus Christus und werde von Erzengel Uriel persönlich betreut, daher ihr Name. Seit einem Reitunfall habe sie hellseherische Fähigkeiten.

Fiat Lux heißt die Sekte mit Hauptsitz in Ibach, die aus diesen Behauptungen hervorgegangen ist und aus einem wahren Glaubensmischmasch besteht. Hauptsächlich wurde Uriella durch ihre Konflikte mit der Justiz bekannt. Die weißgewandete Schweizerin rührte mit einer Hand durch ihre Badewanne und füllte dieses »Heilwasser« in Flaschen ab. Auch per »Ferndiagnose« wollte sie Krankheiten zu 100 Prozent entdecken können. Die Gerichte untersagten ihr jegliche heilerische Tätigkeit in Deutschland.

Eine der Vorhersagen Uriellas war der Untergang der Welt. Bei ihr hieß das »Reinigung«. Die war zuerst für das Jahr 1998 vorhergesagt, blieb aber aus. Aufgeschoben muss nicht aufgehoben sein. Dann sollten eben ein Jahr später zwei Drittel der Menschheit vernichtet werden, ein Drittel, darunter vornehmlich Uriellas Anhänger, könnten Rettung erfahren. Als Retter wurden transzendentale Außerirdische genannt, die unbemannte Kugel-Raumschiffe zur Erde senden sollten. Nach den Katastrophen auf Erden würden die Geretteten zurückkehren und ein »Goldenes Zeitalter« beginnen.

Sektenangehörige aus ganz Europa zogen in den Hotzenwald, um unter Uriellas Schutz der Errettung entgegenzublicken und eine Landebahn zu errichten. Da war es passend, dass man auch eine Rohkost-Eremitage eingerichtet hatte, ein Rohkost-Restaurant, in dem man auch heute noch essen kann. Zudem begannen die Fiat-Lux-Anhänger, politisch aktiv zu werden, und wählten Uriellas Mann und aktuellen Ordensleiter Icordo in den Gemeinderat. Der Weltuntergang kam nicht, die Ufolandebahn wurde nicht mehr gebraucht. An ihrer statt kann man die Kunstblumenbeete vor dem Sektensitz bewundern.

Adresse Lindau 2, 79837 Ibach-Lindau | **Anfahrt** von Todtmoos Richtung St. Blasien, nach etwa 3 Kilometern rechts abbiegen auf die K 6591 | **Öffnungszeiten** Rohkost-Eremitage Mo – Mi 11 – 22 Uhr, Do, Fr 11 – 18 Uhr, Sa 11 – 22 Uhr | **Info** Mit knapp 400 Einwohnern und 22 Quadratkilometern Fläche ist Ibach eine der kleinsten selbstständigen Gemeinden im Schwarzwald. Die kleinste Gemeinde Baden-Württembergs liegt gar nicht so weit weg: Böllen bei Schönau hat knapp 100 Einwohner bei 5,67 Quadratkilometern Fläche.

IBACH-UNTERIBACH

48 Das Buswartehäusle
Tee und Gummibärchen

Hoffentlich kommt der Bus nicht pünktlich. Wer denkt schon so etwas, wenn er in einem zugigen und dreckigen Buswartehaus rumsteht? Oder überhaupt keine Unterstellmöglichkeit hat und bei Wind und Wetter frühmorgens ausharrt? Und Wetter hat es viel in Ibach. Das weite Hochtal im Hotzenwald, in dem das kleine Dorf liegt, besticht durch Schneereichtum und lange Winter. Herrliche Bedingungen für Skilangläufer und Wintertourismus. Die Einheimischen haben da manchmal eine andere Sicht. Die Kinder etwa müssen jeden Morgen sehr früh raus, um mit dem Bus in die größeren Orte zur Schule zu fahren.

Da standen sie dann oft schlotternd in der Kälte vor dem Haus einer »Zugezogenen«. Die plante gerade, einen Carport zu bauen, als Nachbarn sie fragten, ob sie sich daneben ein Bushäuschen für die Kinder vorstellen könnte. Die patente Frau aus Köln willigte sofort ein und stellte ihr Grundstück zur Verfügung. Die Ibacher bauten das Wartehäuschen drauf. Und was für eines! Das Vordach bietet ersten Schutz. Richtig gemütlich wird es im »Wohnzimmer«, das die Anwohnerin nach Art »Kölscher Gastfreundschaft« ausgestattet hat. Im Sommer liegen Kissen auf den Sitzbänken, im Winter sind es Schaffelle. Draußen hängen prächtige Blumenampeln. Drinnen schmücken Holzblumen und Nippesfigürchen den Raum. Noch nie ist etwas verschwunden oder zerstört worden. Daran sieht man schon, wie gut das Häuschen ankommt. Das verwundert nicht, weil die Umsorgung noch viel weiter geht: Auf dem kleinen Tisch in der Mitte stehen frische Getränke. Im Winter gibt es heißen Tee aus der Thermoskanne. Die Gummibärchen haben immer Saison. Ein CD-Spieler im Hintergrund spielt klassische Musik. Maskottchen ist ein quietschroter sprechender Plastik-Papagei, der alles nachplappert, was so geredet wird beim vergnüglichen Warten. Das Gästebuch zeugt von Besuchen vieler Fans, Touristen sowie »Stammgästen« dieser charmanten Idee.

Adresse Unteribach 35, 79837 Ibach-Unteribach | **Anfahrt** von St. Blasien nach Ibach, im Ort links abbiegen, nach 2 Kilometern rechter Hand | **Tipp** Seit die Ibacher Langläuferin Steffi Böhler bei den Olympischen Winterspielen in Turin eine Silbermedaille gewonnen hat, ist Langlaufen in Ibach noch schöner geworden. Die zertifizierte »Steffi-Böhler-Loipe« wird von allen Langlauffreunden sehr gelobt.

IFFEZHEIM

49 Die Pferderennbahn
Jockeys, Wetten und Blütenhüte

Die Baden-Badener sind froh, dass sie ihre Hüte wieder auf heimischen Gefilden ausführen dürfen. Der altehrwürdige Rennclub in Iffezheim war nach über 100-jähriger Tradition 2006 im Schuldensumpf versunken. Seit 2010 ist wieder fester Boden unter den Hufen, mit neuer Rennleitung, die erst mal Geld in die notwendigsten Renovierungen der Tribünen steckte. Die bieten nicht nur einen umfassenden Blick auf das Geläuf, sondern locken auch mit großem Schwarzwaldpanorama.

Möchte man auf eine der Tribünen, muss man deutlich tiefer in die Tasche greifen als für eine »Sattelplatzkarte«. Mit der kommt man nur auf das Gelände. Alte Wetthasen, selbst ernannte und tatsächliche Experten und Kinder treiben sich sowieso am liebsten am Führring herum, wo sich die edlen Rösser präsentieren. Die Wahrscheinlichkeit, bei einem der wichtigen Rennen wie dem Longines Großen Preis von Baden Prominente zu sehen, ist auch dort ziemlich hoch.

Der Große Preis von Baden ist eines von nur sieben Gruppe-I-Rennen in Deutschland, führt über die klassische Derbydistanz von 2.400 Metern und trägt ein Preisgeld von 250.000 Euro. Die erste Siegerin am 12. September 1858 war eine Stute aus Frankreich.

Abseits des Trubels der Renntage kann man die Pferde auf dem Geläuf beim täglichen Morgentraining beobachten. Man muss nur früh genug aufstehen. Wer dabei auf einen gewissen Luxus nicht verzichten mag, geht zum Rennbahnfrühstück, das während des Frühjahrsmeetings und zur Großen Woche im Spätsommer angeboten wird. Besonders schön ist der Spaziergang über das weitläufige Gelände, wenn eigentlich fast gar nichts los ist. Dann sind die einzigen Pferde, die man zu sehen bekommt, Skulpturen, aber die Tribünen hat man ganz für sich allein – entweder, um etwas über den Tag zu sinnieren, oder um sich in einer Pferderennzeitschrift mit Informationen für den nächsten Renntag zu versorgen.

Adresse Rennbahnstraße 14, 76473 Iffezheim | **Anfahrt** A 5, Ausfahrt Baden-Baden/Iffezheim | **Öffnungszeiten** ganzjährig | **Tipp** Iffezheim verfügt am Rhein über die verkehrsreichste Binnenschleuse Deutschlands, die im Jahresschnitt von etwa 30.000 Güterschiffen benutzt wird.

IHRINGEN

50 — Der wärmste Ort Deutschlands

Ausspannen am Kaiserstuhl

Der Kaiserstuhl darf sich wahrhaftig als kleines Paradies fühlen. Auf Vulkangestein gebettet und sonnenverwöhnt, das schlechte Wetter wird netterweise in Frankreich abgefangen, bietet er seit Jahrhunderten ideale Bedingungen für den Anbau guter Weine. In diesem milden und sonnigen Klima erblühen Mandelbäume, Orchideen wachsen in der freien Natur. Ihringen besetzt nicht nur den Titel »wärmster Ort Deutschlands«, sondern nimmt für sich auch in Anspruch, mit 600 Hektar Rebanbaufläche eine der größten Weinbaugemeinden Deutschlands zu sein. Wobei die Ihringer das Alleinstellungsmerkmal hinsichtlich der Temperatur zäher verteidigen. Um es wissenschaftlich anerkannt zu bekommen, müssen 30 Jahre lang Messungen des Deutschen Wetterdienstes ausgewertet werden. Aber der vormalige Sieger im Temperaturdurchschnittswettkampf stellt wirklich keine touristische Konkurrenz dar. Da kann man den Duisburgern im Ruhrgebiet den Titel bis 2020 doch lassen. Bis dahin dauert die neue Messreihe noch. Dass der Rekord mit der Winzerdichte stimmt, glaubt man sofort: Bei einem Spaziergang durch die Gassen kann man von einem Weinkeller in den nächsten fallen und auf Wanderungen in der Umgebung von einem Weingut zum nächsten Station machen.

Das über 1.000 Jahre alte Städtchen präsentiert sich im Sommer mit mediterranem Flair. Das »Naturzentrum Kaiserstuhl« wartet das ganze Jahr mit Führungen und Vorträgen auf. Die zahlreichen Veranstaltungen befassen sich mit Themen rund um den Naturschutz, den Weinbau und die Tierwelt am Kaiserstuhl. Man lernt, Teekräuter am Wegrand zu erkennen und zu sammeln, begibt sich auf die Pirsch nach Schmetterlingen und Fledermäusen. Und bei aller Wissensvermittlung verstehen sich die Ihringer bestens darauf, wissbegierigen Touristen einige Führungen und »Lehreinheiten« mit einem Gläschen ihres guten Weines zu versüßen.

Adresse 79241 Ihringen | **Anfahrt** A 5, Ausfahrt Freiburg/Mitte Richtung Umkirch, weiter Richtung Ihringen | **Tipp** Neben den Winzergenossenschaften Ihringen und Wasenweiler führt die Internetseite der Gemeinde (www.ihringen.de) 17 Weingüter auf. Was kann schöner sein, als einen heißen Tag bei einer Weinprobe im kühlen Keller ausklingen zu lassen?

KANDERN-HOLZEN

51 Das Storchendorf
Adebars Heimat

Zuerst sieht man nur ein unförmiges Etwas auf der Spitze des Kirchturms, wenn man von der Ferne auf Holzen schaut. Schnell bemerken die Augen, dass etwas Weiß-Schwarzes in einem großen Nest sitzt. Und wenn man vor der Kirche steht, entdeckt man, dass nicht nur oben, sondern auch eine Ebene unter dem Dach weitere Nester sind, in denen ebenfalls Störche leben. Noch mehr der edlen Vögel gibt es im und ums Storchengehege. Das ist viel kleiner, als man es vielleicht erwartet, dafür gibt es überraschend viele Störche aus nächster Nähe zu sehen.

Holzen im Markgräflerland ist ein echtes Storchendorf. Überall auf den umliegenden Wiesen und im Ort sind die klappernden Vögel zu sehen und zu hören. Das war nicht immer so. 1976 gab es im Markgräflerland nur noch ein Storchenpaar, eben im Kanderner Ortsteil Holzen. Als dieses ein Jahr später von der Reise gen Süden nicht mehr zurückkehrte, beschloss man, den Storch schnell wieder heimisch zu machen, und importierte sechs Paare aus einem Schweizer Ansiedlungsprogramm. Mittlerweile leben wieder bis zu 60 Störche in Holzen. Auch in den Nachbargemeinden sind die Tiere auf Kirchtürmen zu sehen. Die angesiedelten Vögel locken zudem wild lebende Artgenossen an, die sich gern dazugesellen und von der täglichen Fütterung am Vogelgehege profitieren.

Auch im Winter bleiben viele Störche da. Die Vögel unternehmen ihre Reise nach Afrika nämlich nicht wegen der Kälte, sondern wegen des Futtermangels. Flugunfähige Tiere, aber auch ein paar gemütliche Zeitgenossen lassen sich darum in Holzen über den Winter füttern.

Besonders interessant ist es, zur Brutzeit im Mai und Juni zum Storchengehege zu fahren. Direkt am Gehege gibt es Sitzmöglichkeiten. Da pro Jahr mehr als 5.000 Euro für Futter benötigt werden, freuen sich die engagierten Vogelfreunde darüber, wenn die Spendenboxen nicht leer bleiben.

Adresse Storchenweg, 79400 Kandern-Holzen | **Anfahrt** A 98, Ausfahrt Kandern, in Rümmingen rechts auf die L 134, in Hammerstein links nach Holzen | **Öffnungszeiten** man kann jederzeit zum Gehege, Fütterung im Winter um 16 Uhr, im Sommer um 17 Uhr | **Tipp** Da der Besuch des Geheges kostenlos ist, bleibt genug Geld in der Kasse, um die Gastronomie des Orts genauer unter die Lupe zu nehmen.

KAPPEL-GRAFENHAUSEN

52 Das Fließgewässer Taubergießen

Paradiesische Schönheit zwischen den Nationen

So muss es früher am Rhein ausgesehen haben, bevor Oberst Tulla den Strom im 19. Jahrhundert mit einem großen Begradigungsprojekt durchgängig beschiffbar machte: Durch Auenwald schlängeln sich sprudelnd zahlreiche Flussarme, dichte Baumkronen werfen Schatten auf das glitzernde Wasser. Es summt und brummt, trällert und zwitschert überall. Die Zahl der Libellen ist Legion. Ein paar Schritte weiter steht kurz vor dem Ende des Weges ein Pick-up mit französischem Kennzeichen. Der Besitzer hat es sich auf einem Schemel am Ufer gemütlich gemacht und wartet darauf, dass ein Barsch anbeißt. Einem Gespräch mit dem vorbeikommenden Wanderer ist er nicht abgeneigt und erklärt auf Elsässerdütsch, dass er regelmäßig mit der nahen Fähre über den Rhein zum Angeln kommt.

Ansonsten findet man im Naturschutzgebiet zahlreiche Spaziergänger, die über bequeme Wege oder ausgetretene Pfade das Gelände erforschen. Immer wieder kommt man an Flussarme, und an vielen, meist natürlichen Anlegestellen liegen flache, lange Boote. Die dienen zum einen den Einheimischen, zum anderen den Touristen, haben doch Erstere schnell herausgefunden, dass sich mit Letzteren ein Geschäft machen lässt. So bieten mehrere Fischer Bootstouren durch das insgesamt 1.682 Hektar große Fließgewässer Taubergießen an. Entweder in Kappel-Grafenhausen oder im nahen Rust, das ebenfalls am Naturschutzgebiet liegt, werben die Fischer oft mit Schildern an ihren Häusern für die Touren, bei denen man der einzigartigen Tier- und Pflanzenwelt sehr nah kommt.

Von der Gesamtfläche des Naturschutzgebietes stehen rund 1.000 Hektar im Eigentum der elsässischen Gemeinde Rhinau. Dieses Gebiet wurde 1648 französisches und 1871 wieder deutsches Eigentum. Nach dem Ersten Weltkrieg fiel es an Frankreich zurück, blieb aber unter deutscher Hoheitsgewalt.

Adresse 77966 Kappel-Grafenhausen | **Anfahrt** A 5, Ausfahrt Ettenheim, nach Kappel-Grafenhausen richten, immer geradeaus. Die Fähre setzt an der L 103 über den Rhein. | **Tipp** Diese kleine Bootsfahrt kann man ruhig wagen. Zudem ist die Benutzung der Fähre kostenlos.

53 Bibelheim Bethanien
Warum eine Stadt zwei Bibelheime braucht

Karlsbad hat im Jahr 2011 Geburtstag gefeiert. Die Gemeinde am nördlichen Rand des Schwarzwalds zwischen Karlsruhe und Pforzheim wurde 40 Jahre alt. Da lachen die meisten anderen Orte im Schwarzwald, die teilweise schon mehr als 1.000 Jahre auf dem Buckel haben. Auch wenn die einzelnen Ortsteile Karlsbads dem in nichts nachstehen, existiert der Name der Gesamtgemeinde erst seit 1971. Da schlossen sich Auerbach, Ittersbach, Langensteinbach, Mutschelbach und Spielberg zusammen. Weil Markgraf Karl Wilhelm von Baden 1719 ein Badegebäude errichtete, das den Ort Langensteinbach weit über die regionalen Grenzen hinaus bekannt machte, nannte man die neue Gemeinde ihm zu Ehren Karlsbad.

Das Kurfürstenbad ist heute ein Seniorenheim und liegt unterhalb der Barbara Ruine. Von deren Turm aus bietet sich ein weiter Blick über die Region. Mehrere Wanderwege schlängeln sich durch Wälder und Felder rund um die Barbara Ruine.

Vielleicht kommt man beim Spaziergang auch an einem klassizistisch wirkenden Bau vorbei, der den Namen »Bibelheim Bethanien« trägt. Im evangelischen Bibelheim kann man Bibelkurse oder Freizeiten buchen oder Konferenzen und Seminare besuchen. Allerdings ist das Bibelheim Bethanien damit nicht allein im größten Karlsbader Ortsteil, denn es gibt dort auch noch das »Lahoe«, das Bibelkonferenzzentrum Langensteinbacher Höhe. Das bietet eigentlich ganz ähnliche Themen an und steht unter freikirchlich-protestantischer Hand.

Natürlich reichen die knapp 16.000 Einwohner Karlsbads bei Weitem nicht aus, um beide Bibelheime zu füllen. Sie werden von Gruppen und Einzelgästen aus dem gesamten deutschsprachigen Gebiet besucht, die in der schönen Schwarzwaldlandschaft mit Teilnahme an Andachten eine lehrreiche Zeit zusammen mit anderen Christen verbringen wollen. Dass es gleich zwei Bibelheime gibt, ist für beide nicht tragisch.

Adresse Bibelheim Bethanien, Römerstraße 30; Lahoe, Titusweg 5, 76307 Karlsbad-Langensteinbach | **Anfahrt** A 8, Ausfahrt Karlsbad | **Info** Während man in den Bibelheimen die Flamme des Glaubens nährt, hat sich eine in Karlsbad ansässige Softwarefirma einen Zündler als Vorbild und Namensgeber ausgesucht. Man stellt unter dem Namen »Nero« sehr erfolgreich Brennsoftware für Computermedien her.

54 Die Passerelle
Einheit und Trennung

Deutschland und Frankreich sind zwei Nationen, die sich freundschaftlich verbunden sind. Das war allerdings lange ganz anders. Heute ist die Europabrücke, die Kehl und Straßburg miteinander verbindet, ein Zeichen für die Nähe, die nicht nur zwischen den beiden Städten existiert. Mehr als 30.000 Fahrzeuge passieren täglich die Grenze.

Ein zweites Zeichen wurde 2004 gesetzt, als im Rahmen der grenzüberschreitenden Landesgartenschau die »Passerelle des deux Rives« (Brücke der zwei Ufer) eingeweiht wurde. Der Pariser Architekt Marc Mimram hat die ungewöhnliche Schrägseil-Doppelbrücke entworfen. Kein Wunder also, dass sie auch Mimram-Brücke genannt wird.

Beide Brückenteile werden durch 76 Stahlseile gehalten. Der eine Weg (275 Meter lang) ist nur für Fußgänger geeignet, da auch einige Treppenstufen zu erklimmen sind. Der zweite (287 Meter) ist für Radfahrer und Rollstuhlfahrer gedacht. In der Mitte der Brücke trifft man sich auf einer etwa 100 Quadratmeter großen Plattform, deren Sitzgelegenheiten bei gutem Wetter sehr begehrt sind.

Natürlich wird die Passerelle gern genutzt, um auf die jeweils andere Rheinseite zu kommen und sich in den Gärten der ehemaligen Landesgartenschau umzusehen oder einfach spazieren zu gehen. Die Anlagen können sich auf beiden Seiten des Rheins sehen lassen. Auf französischer Seite kann man etwa in direkter Verlängerung der Passerelle ein pflanzliches Planetensystem entlangspazieren. Auf deutscher Seite, in Richtung Süden, findet man den 44 Meter hohen Weißtannenturm. Drei gewaltige Stämme aus dem Nordracher Forst bilden die Grundpfeiler des Turms: ein gleichschenkliges Dreieck, das mit einem Stahlnetz stabilisiert wird und über zwei Aussichtsplattformen verfügt. Der Blick auf den deutschen Schwarzwald und die französischen Vogesen ist phantastisch und bildet sozusagen eine visuelle Ergänzung der Idee der Passerelle.

Adresse Verlängerung Großherzog-Friedrich-Straße, 77694 Kehl | **Anfahrt** A 5, Ausfahrt Appenweier, auf der B 28 bis Kehl fahren | **Tipp** Kehl war oft ein Ort kriegerischer Handlungen und wurde mehrfach zerstört. Das Weinbrennerhaus (Hauptstraße 22) wurde 1816 erbaut und gilt heute als das älteste Haus der Innenstadt.

55 Die Graffiti-Kirche
Eine Gemeinde lebt auf

Maria hat es sich lange überlegt. Warum hätte sie auch helfen sollen? Bis auf wenige Unermüdliche, die sich seit Jahrzehnten in der Kirchenarbeit engagierten, ließ sich der große Rest der katholischen Kirchengemeinde Goldscheuers schon lange nicht mehr in der »Maria, Hilfe der Christen«-Kirche blicken. Dass diese in den 1960er Jahren erbaut und seither nicht mehr renoviert worden war, trug nicht zur Attraktivitätssteigerung bei. Die Erzdiözese Freiburg nahm die fast ungenutzte Kirche ins Spar-Visier. Der schmucklose, heruntergekommene Bau sollte abgestoßen werden. Durch diesen Schock wurde man in Goldscheuer nun doch aktiv.

Das erste kleine Wunder ereignete sich bei der Spendensammlung im Jahr 2009 zur Renovierung des Gebäudes. Anläufe in den Jahren davor waren gescheitert. Der Pfarrgemeinderat sammelte dieses Mal genug Unterschriften und Geld. Das Ordinariat gab seinen Segen und den Löwenanteil der zur Renovierung benötigten Summe.

Das zweite kleine Wunder kam in Form eines Sprayers aus Offenburg daher, der in seine Bilderwelten religiöse Motive einarbeitet und im Pfarrer der Gemeinde sowas wie einen persönlichen theologischen Berater gefunden hatte. Stefan Strumbel schaffte mit seinen Entwürfen nicht nur eine zugleich mystische und provokante Bilderwelt, sondern stieß das dritte kleine Wunder gleich mit an: Eine Welle der Diskussion über das Gebäude und Auseinandersetzung mit dem Glauben begannen. Die Kirche rückte wieder in den Fokus und war in aller Munde. Dass die Mutter Gottes eine »Maschenkappe«, die ortsübliche Trachtenkopfbedeckung, tragen sollte, wurde zum besonderen Aufreger. Das Ergebnis dieses Findungsprozesses ist eine Gemeinde, die wieder stolz ist auf ihr Gotteshaus. Neben Gläubigen aus Goldscheuer kommen auch viele Menschen von außerhalb, um unter dem strahlenumkränzten illuminierten Jesus Momente der Besinnlichkeit zu erleben.

Adresse Ecke Uhlandstraße/Pfarrweg, 77694 Kehl-Goldscheuer | **Anfahrt** von Kehl B 36 nach Goldscheuer, am Rathaus in die Merkurstraße einbiegen, diese führt zur Kirche | **Öffnungszeiten** meistens bis zum Abend offen | **Tipp** Am Rathaus findet sich der Goldwäscherbrunnen, der Zeugnis über die berufliche Suche der Goldscheurer nach dem Rheingold ablegt.

56 Der Nonnenmattweiher
Baum oder nicht Baum?

Der Nonnenmattweiher bot nicht immer die vielgepriesene Ruhe und Entspannung in der Natur, sondern ließ den Puls zeitweise ungewöhnlich in die Höhe schnellen. Grund dafür waren Pflegemaßnahmen der Verwaltung in den Jahren 2004 und 2007 rund um den Waldsee, der seit 1987 unter Naturschutz steht. Das Bürgermeisteramt wollte eine »Renaturierung« und beklagte die Beschattung durch die großen Bäume entlang des Uferweges. Als landschaftliches Vorbild dienten Bilder, die den See um 1900 zeigen. Das sei das Landschaftsbild, welches man erhalten wolle. Flugs rodete man rund um den See in einer Größenordnung und in einem Stil, die später von der Naturschutzbehörde in Freiburg als »unsensibel« und »gerade noch so hinnehmbar« betitelt wurden.

Man könnte auch sagen, es sah aus, als habe ein zweiter Sturm Lothar zugeschlagen. Mittlerweile ist Gras darüber gewachsen. Wenn man an einem normalen Wochentag in aller Frühe kommt, dann spürt man den Zauber des Nonnenmattweihers noch immer. Am Ufer sitzen, Fische und tanzende Mücken beobachten, eintauchen in den dunklen See, ein bisschen baden mit Blick auf die schwimmende Torfinsel oder in aller Stille um den See herumwandern.

Der durch einen Damm aufgestaute Karsee blieb nämlich trotz der Rodungen ein beliebtes Ausflugsziel. Bei warmen Temperaturen und am Wochenende tummeln sich viele Menschen am Seeufer oder im abgetrennten Schwimmbereich. Manche bringen sogar Schlauchboote mit, auf denen sie sich auf dem sieben Meter tiefen See treiben lassen. Die Abtrennung zeigt, wie weit man gehen darf. Der Rest des Sees soll von menschlichen Einflüssen verschont bleiben.

Die gefällten Bäume am Ufer sind aber unwiederbringlich verloren. Allerdings hätte es schlimmer kommen können: Hätten die Verantwortlichen sich an Bildern aus den 1920er Jahren orientiert, wäre gar kein See mehr da. Nach einem spektakulären Dammbruch lag der See ein Jahrzehnt trocken.

Adresse 79692 Kleines Wiesental-Neuenweg | **Anfahrt** von Neuenweg bis Mittelheubronn, dort links abbiegen und der Beschilderung folgen, vom Waldparkplatz sind es noch etwa 600 Meter bis zum See | **Tipp** Im Ortsteil Tegernau der Gemeinde Kleines Wiesental, zu der auch Neuenweg gehört, gibt es das Wirtshausmuseum Krone mit einer Gaststube wie vor 100 Jahren. Diese ist aber nur zu Veranstaltungen geöffnet, die an einer Tafel vor dem Wirtshaus angeschrieben sind.

KUPPENHEIM

57 Der alte jüdische Friedhof
Ein Ort der Stille

So einfach umherspazieren kann man auf dem alten jüdischen Verbandsfriedhof nicht. Das schmiedeeiserne Tor ist abgeschlossen. Der hohe Maschendrahtzaun lässt aber den Blick auf die Flächen dahinter frei. Gleich fällt die »Zweiteilung« des Areals auf. Eine Vielzahl der rund 1.000 Gräber sind wieder instand gesetzt. Mächtige und kleinere Grabsteine wurden von Steinmetzen aufgerichtet, neu verankert und gereinigt. Die Rasenfläche wirkt gepflegt. Weiter hinten sieht es so aus, wie man sich einen Friedhof aus dem 17. Jahrhundert vielleicht vorstellt. Verwittert und efeuumrankt, manche neigen sich schon dem Boden entgegen, stehen die alten Grabsteine aus Sandstein dort, umgeben von großen, schattenspendenden Bäumen.

Die Grabinschriften verfasste man bis ins 19. Jahrhundert auf Hebräisch. In speziellen Führungen, die wegen der schwierigen Bodenbeschaffenheit nur bei trockenem Wetter stattfinden können, erfährt man durch die Beschäftigung mit diesen Inschriften Spannendes über jüdisches Leben und Brauchtum.

Das Engagement der Stadt Kuppenheim und vieler privater Förderer zeigt beispielhaft, wie mit dem jüdischen Erbe in Deutschland sorgsam umgegangen werden sollte. Neben der Instandhaltung und Pflege des Friedhofes sind so zwei wissenschaftlich fundierte Bücher entstanden. Eines davon befasst sich fast ausschließlich mit den Grabinschriften. Natürlich gab es auch im Jüdischen eine Tradition des »Hochlobens« eines Verstorbenen. Aber wenn nicht viel mehr eingemeißelt war, als die notwendigen Daten des Todestages, Geschlecht und Namen, verbunden mit Allgemeinplätzen wie »tüchtig« bei den Frauen und »rechtschaffen« bei den Männern, dann hatten auch die fehlenden Informationen etwas zu bedeuten. Wenn nämlich ein Verstorbener seinen Lieben oder der Gemeinde mehr galt, dann wurde das deutlich differenzierter und ausführlicher in Stein gehauen und so für die Nachwelt dokumentiert.

Adresse Stadtwaldstraße, 76456 Kuppenheim | **Anfahrt** A 5, Ausfahrt Rastatt/Süd oder Rastatt/Nord | **Öffnungszeiten** Führungen nach telefonischer Voranmeldung (07222/ 9462107). Aber auch beim spontanen Besuch hat man von außen schöne Einblicke. | **Tipp** Kuppenheim ist die Knöpfle-Stadt. Der Spitzname kommt daher, dass die Bürger bei einer Belagerung durch die Schweden im Dreißigjährigen Krieg aus den Mehl- und Eierresten Knöpfle, die badische Version von Spätzle, gekocht und diese über die Mauer geworfen haben. Die Schweden sollen dann den Versuch, die Stadt auszuhungern, bei dem gesichteten Überfluss aufgegeben haben.

LAHR

58 Süßes Löchle
Das Café unter Denkmalschutz

Manches gibt es länger, als man sich erinnern kann. Und manches sah »auch immer schon« so aus. Im Café »Süßes Löchle« scheint die Zeit in den 1920er Jahren stehen geblieben zu sein. Ein verziertes Monstrum von Kasse empfängt den Besucher im Verkaufsraum. Daran grenzt die Auslagentheke aus Nussbaum mit Rundglas und Bonbonnieren. Gegenüber der Theke nimmt eine große Vitrine die gesamte Wand ein, bis oben gefüllt mit Kaffeespezialitäten und Pralinen. Geradeaus blickt man ins Kaffeestübchen mit original 1920er-Jahre-Einrichtung: lederbezogene Sitzbänke, Marmortische und Lüster.

Rentabel ist der nobel eingerichtete Raum mit seiner edlen Holzvertäfelung nicht: Nur etwa dreißig Gäste finden hier Platz. Daran liegen wohl auch die drei Pächterwechsel in den letzten drei Jahren. Doch die Lahrer sind froh, überhaupt wieder ihren Kaffee in diesem schmucken Ambiente genießen zu können. Denn dieser Ort stellt eine Institution im kollektiven Gedächtnis der Stadt dar und ist mittlerweile das erste denkmalgeschützte Café in Baden-Württemberg.

Vor ein paar Jahren retteten rund 100 Lahrer Bürger »ihr Café« und mit ihm seine langjährige Besitzerin vor der Zwangsversteigerung. Sie kauften das gesamte Ensemble, bestehend aus Wohnhaus mit Ladengeschäft und Backstube im Hinterhaus, mit allem Inventar. Zu diesem Zweck gründete man eine gemeinnützige Aktiengesellschaft. 66 Jahre lang war Hildegard Seidls Schicksal untrennbar mit dem Café verbunden. Bereits als 14-Jährige zog sie in die Friedrichstraße Nummer 14. Bis 2004 hielt sie den Laden in Schwung. Die Initiative ermöglichte, dass die Seele des Geschäfts Wohnrecht auf Lebenszeit bekam. Aus der Aktiengesellschaft heraus formierte sich der »Freundeskreis«, der das denkmalgeschützte Ensemble vielfältig unterstützt. Die neueste Idee ist, das Hinterhaus als Museum auszubauen und konstant für Besucher geöffnet zu haben.

Adresse Friedrichstraße 14, 77933 Lahr | **Anfahrt** A 5, Ausfahrt Lahr | **Öffnungszeiten** Di – Fr 9 – 18 Uhr, Sa 9 – 15 Uhr, So, Mo Ruhetag | **Tipp** Im Herbst findet in Lahr die Chrysanthema statt, bei der die ganze historische Innenstadt aufwendig mit mehreren tausend Exemplaren der Korbblüter geschmückt ist.

LAUFENBURG

59 — Die Brücken in die Schweiz

Nichts als Ärger mit den Übergängen

Es gibt gleich zwei Laufenburgs, eines auf deutscher und eines auf Schweizer Seite. Zwei Brücken verbinden die beiden geschichtsträchtigen Orte. Da ist zum einen die alte Rheinbrücke für Fußgänger, die wieder richtig gut aussieht. Zeitweise erinnerte ihr Zustand eher an Schilda. Während bei der Belagssanierung auf deutscher Seite schon die frischen Pflastersteine verlegt waren, hatte es in der Schweiz einen offiziellen Einwand eines Bürgers gegeben, der die eidgenössische Brückenpflasterung verhinderte. Bis der Einwand behandelt war, blieb die Schweizer Hälfte der Laufenbrücke als Baustelle bestehen. Klar, dass beide Seiten nicht glücklich waren darüber. Und auch Nepomuk, der Schutzheilige der Brücke, der in ihrer Mitte steht, hätte sicher die Augen verschlossen, wenn sie nicht aus Stein wären.

Nepomuk steht so, dass er rheinaufwärts blicken könnte, wo die zweite Laufenburger Brücke den Fluss überquert. Die wird vornehmlich von Autos genutzt, und auch sie sorgte für einigen Ärger – und für Häme. Um eine Brücke zu bauen, muss man zuerst die genauen Höhenmeter der beiden Ufer kennen. Den Planern war klar, dass sich die Deutschen beim Messen auf die Nordsee, die Schweizer aufs Mittelmeer beziehen. Dadurch ergibt sich eine Differenz von 27 Zentimetern. Das Schweizer Planungsbüro legte wohlweislich das Widerlager, also die Auflage für die Fahrbahn am eidgenössischen Ufer, 27 Zentimeter höher an. Aber es kam zu einem Rechenfehler: Statt »plus 27 Zentimeter« kalkulierte man »minus 27 Zentimeter«. Insgesamt kam es also zu mehr als einem halben Meter Höhenunterschied. Immerhin stellte man den Fehler während der Bauphase fest. Die Auflage in Deutschland wurde etwas abgetragen, die in der Schweiz aufgestockt, und schließlich fand man doch noch zueinander. Die nicht unbedeutenden Kosten musste die Versicherung des Planungsbüros bezahlen.

Adresse 79725 Laufenburg | **Anfahrt** B 34 zwischen Waldshut und Bad Säckingen, parken am Rathaus (Hauptstraße) | **Tipp** Hält man sich am deutschen Ufer rheinabwärts, gelangt man zur Codman-Anlage, von wo aus man auf den Kriegerfelsen mit der riesigen Adlerskulptur steigen kann.

LOFFENAU

60 — Die Mautstraße zur Sternwarte

Wo die Karlsruher Sterne sehen

Es gibt nur eine einzige Mautstraße in Baden-Württemberg. Zumindest sagt das der Bürgermeister des 2.600-Einwohner-Örtchens Loffenau. Bis in die 1960er Jahre war der Weg auf den Hausberg Teufelsmühle (908 Meter Höhe) nur eine Schotterpiste. Man wollte deren Ausbau nicht auf Kosten der Bürger vornehmen und entschied, einen Obolus für die Benutzung zu erheben. Drei freiberufliche Mautkassierer wechseln sich damit am Risswasen-Parkplatz ab.

Um dorthin zu gelangen, fährt man von Loffenau in Richtung Bad Herrenalb und biegt am Schild »Teufelsmühle« rechts ab. Nach einigen Minuten erreicht man den Parkplatz. Mit etwas Glück steht keiner da, um die 2,50 Euro für Autos, 5 Euro für Wohnmobile und 1,50 Euro für Motorräder einzuziehen. Besonders bei schlechtem Wetter scheuen die Kassierer die unlukrative Warterei. Fußgänger, Radfahrer und Reiter dürfen die 3,2 Kilometer lange, fast durchgängig bergauf führende Strecke sowieso kostenlos benutzen. Rund 8.000 Euro nimmt die Gemeinde pro Jahr durch die Straße ein, was reicht, um den Winterdienst zu bezahlen und Löcher zu flicken.

Am Gipfel gibt es Wanderstrecken, einen Gleitschirmflieger-Startplatz, das Restaurant und Café Teufelsmühle, ein Wanderheim mit Aussichtsturm und die Heinz-Deininger-Sternwarte, die Karlsruher Hobbyastronomen seit 2008 für ihre Beobachtungen nutzen. Vormals hat man das in Karlsruhe auf dem Dach des Max-Planck-Gymnasiums gemacht, aber die Sicht war einfach nicht gut genug. Vereinsmitglied Heinz Deininger hatte der Astronomischen Vereinigung Karlsruhe versprochen, einen Spiegel springen zu lassen, falls die Kollegen sich um das Observatorium kümmern würden. Als Standort wählte man Loffenaus Hausberg: hoch gelegen, klare Luft, keine künstlichen Lichter weit und breit. In die Sternwarte dürfen aber nur Vereinsmitglieder.

Adresse Die Mautstraße hat keinen offiziellen Namen, sie beginnt am Risswasen-Parkplatz, 76597 Loffenau | **Anfahrt** L 564 zwischen Bad Herrenalb und Gernsbach | **Öffnungszeiten** Höhengasthaus Teufelsmühle: Mi – So ab 11 Uhr | **Tipp** In der Heilig-Kreuz-Kirche im Ortskern von Loffenau finden sich spätmittelalterliche Fresken, die einzigen größeren Freskomalereien im Schwarzwald.

61 Das Schneekreuz
Die Decke hält warm

Löffingen wurde im Jahr 819 nach Christus zum ersten Mal urkundlich erwähnt. Bevölkert war die Region an der Wutachschlucht, dem Grand Canyon des Schwarzwalds, aber schon früher, worüber etwa ein Alemannengrab Auskunft gibt, das aus dem 7. Jahrhundert stammt. Auf alle Stadtteile verteilt lassen sich zwölf Gräberfelder aus der Merowingerzeit nachweisen. Anhand der Grabbeigaben konnten Archäologen belegen, dass die Menschen hier in relativem Reichtum gelebt haben.

Begraben zu werden blieb im Jahr 1740 einem Mann erspart, der sich in einem Schneesturm verirrte und zu erfrieren drohte. Als er nicht mehr weiter konnte, sank er zu Boden und gelobte, an dieser Stelle ein Kreuz zu errichten, wenn er gerettet würde. Kurze Zeit später hörte er die Glocken der Stadtkirche von Löffingen und wurde von Holzfällern in Sicherheit gebracht. Der Mann hielt Wort und errichtete das Kruzifix, das bald als wundertätig galt und viele Leute anlockte, die vom Gekreuzigten Hilfe erwarteten. 1792 wurde das Schneekreuz oder Witterschneekreuz, wie man es nannte, zu einer offenen Kapelle mit mehreren Betstühlen erweitert. Ab 1803 gab es Prozessionen zum Kreuz.

1847/48 konnte aus den Opfergaben der Wallfahrer zunächst eine Kapelle aus Holz gebaut werden, die heute noch neben der Schneekreuzkirche steht. Die wurde von 1891 bis 1898 in neuromantischem Stil erbaut.

Über dem Hochaltar hängt heute das immer noch viel besuchte Wallfahrtskreuz. Besonders beeindruckend ist auch die Decke des Kirchenschiffes, die stark ornamentiert zahlreiche Heilige darstellt. Es lohnt sich durchaus, den Blick nach oben zu richten.

Ebenfalls lohnenswert ist der Kreuzgang, der sich im Freien im Schatten von hohen Bäumen befindet und sozusagen den Weg von Löffingen zur außerhalb gelegenen Wallfahrtskirche zu einem spirituellen Erlebnis macht.

Adresse Maienlandstraße, 79843 Löffingen | **Anfahrt** an der B 31 zwischen Titisee-Neustadt und Donaueschingen, nach der Abfahrt für wenige Meter links halten (von Titisee-Neustadt kommend), dann sofort rechts in die Fürstenbergstraße, dann rechts auf die Maienlandstraße | **Öffnungszeiten** durchgängig offen | **Tipp** Fährt man die Maienlandstraße geradeaus weiter, kommt man zum Schwarzwaldpark (Wildpark 1). In großen Gehegen sind zahlreiche Tiere zu sehen, einheimische Arten wie Rotwild, Schwarzwild, Damwild, Steinwild und Muffelwild genauso wie Luchse, Wölfe, Affen, Wallabies, Bisons und Yaks.

LÖRRACH

62 Die Graffiti-Brücke
Die Lizenz zum Sprühen

Gerade noch beinahe dafür in den Knast gewandert, jetzt Vorzeigeknaben der Kulturoberhäupter der Stadt Lörrach. Den Kick des Verbotenen und Subversiven kann sich ein Sprayer hier nicht unbedingt holen. Gesittet und spießig geht es zu: mit Ausfüllen eines Antrages und dessen Genehmigung. Bevor man die »Greencard« bekommt, muss die Spraydose in der Tasche bleiben. Dafür hat man mit der »Lizenz zum Sprühen« den Luxus, in Ruhe und ganz legal seiner Berufung frönen zu können.

Außer unter der Autobahnbrücke in Lörrach gibt es nirgendwo sonst in Deutschland eine solche Freiluftgalerie für legale Graffiti, die sich über eine Länge von fast eineinhalb Kilometern erstreckt. Mehr als 100 Flächen stehen zur Verfügung, die teilweise bis in 20 Meter Höhe von heimischen Sprayern, aber auch namhaften Künstlern der internationalen Szene bemalt werden. Ein paar Flächen sind den berühmten Sprayern vorbehalten, der Rest sind sogenannte Freewalls, also Freiflächen für jedermann.

Zu Beginn hatte es noch etwas Sorge gegeben, dass die heimischen Sprayanfänger nicht genügend Flächen haben könnten, weil die Profis großformatig vorgehen, doch diese Sorge hat sich längst zerstreut. Im Gegenteil, der Kontakt beider Gruppen wird als befruchtend angesehen. Mittlerweile hat das Kind auch einen Namen: »Bridge-Gallery«.

Die Idee dazu entwickelte das Lörracher Jugendparlament gemeinsam mit einigen lokalen Graffiti-Künstlern. Im August 2010 konnten die Sprayer loslegen, deren Werke nicht nur von anderen Jugendlichen geschätzt werden. Auch die Generation 50 plus äußert sich durchaus positiv. Die Graffiti kommen sogar so gut an, dass es schon erste Aufträge zur Gestaltung von öffentlichen Flächen und von privaten Wänden gegeben hat. Und die Bürgermeisterin vermeldete etwa ein Jahr nach Eröffnung der Freewalls, dass es fast keine illegalen Graffiti mehr in Lörrach gebe.

Adresse Im Grüttpark unter der A 98, 79539 Lörrach | **Anfahrt** A 98, Ausfahrt Lörrach-Mitte | **Tipp** Ein Ausflug auf die Burgruine Rötteln aus dem 11. Jahrhundert ist eigentlich Pflicht. Dort sollte man auch unbedingt die Türme besteigen und den Blick über Lörrach genießen.

MARXZELL

63 Der Wiesenhof
300 PS mit Fünfganggetriebe

Man sagt, wer sich einmal mit dem »Isi-Virus« infiziert hat, kommt nicht mehr davon los. So ist es wohl den Menschen auf dem Wiesenhof ergangen. Ursprünglich graste eine kleine Herde Islandpferde zusammen mit Angus-Rindern die Wiesen im Naturschutzgebiet Albtal ab. Dieser Aspekt aus den Entstehungsjahren in den 1970ern ist bis heute geblieben. Der Wiesenhof leistet damit einen wertvollen Beitrag zur Offenhaltung der Fläche und Landschaftspflege.

In ihrem Heimatland leben die Islandpferde meist in riesigen Herdenverbänden in der freien Natur. Sie gelten als sehr robust und ausdauernd, ein wenig »Pony-Dickkopf« ist schon dabei. Netter formuliert könnte man auch sagen: Ein Isländer denkt mit.

In Deutschland gewann die Rasse so viele Anhänger, dass es mittlerweile zum zweitgrößten Zuchtgebiet neben Island selbst geworden ist. Auch auf dem malerisch gelegenen Hofgut im Nordschwarzwald sind aus ein paar Pferden schnell mehr geworden. Rund 300 Tiere zählt die Zucht heute und hat sich in 30 Jahren zu einem bedeutenden und renommierten Zuchtzentrum europaweit gemausert. Die hofeigene Zucht in Island ergänzt den Betrieb im Schwarzwald. Eine Faszination dieser urwüchsigen Rasse besteht sicherlich im Aussehen: Wenn die kleinen, zähen Pferde zum Renntölt durchstarten, fliegen die dicken Mähnen. Damit sich die zwei Gangarten Pass und Tölt, die Islandpferde mehr als »normale« Pferden beherrschen, taktrein präsentieren können, benötigen sie Ausbildung und Anleitung. Auch da hilft das Team vom Wiesenhof. Ein besonderes Anliegen ist der richtige Umgang mit dem Freizeitpartner, sprich die Schulung von Pferd und Reiter gleichermaßen. Dies setzt man im hofeigenen Schulbetrieb genauso um wie bei Speziallehrgängen und beim therapeutischen Reiten. Übrigens: Islandpferd darf sich nur nennen, wessen sämtliche Vorfahren lückenlos bis ins Ursprungsland nachzuweisen sind.

Adresse Wiesenhof 1, 76359 Marxzell | **Anfahrt** von Marxzell im Tal die Burbacher Straße bergauf Richtung Völkersbach, vor dem Waldrand links zum Gestüt | **Tipp** Das Fahrzeugmuseum Marxzell ist eines der größten deutschen Technikmuseen in Privatbesitz. Es gibt in der Albtalstraße 2 mehr als 100 Autos, 150 Motorräder, 23 Traktoren, 16 Feuerwehrautos und viele weitere historische Raritäten zu entdecken. Geöffnet ist es täglich von 14 bis 17 Uhr.

MÜLLHEIM

64 Die Deutsch-Französische Brigade

Wein, Maschinengewehr und Fraternité

Am Ortseingang der hübschen Markgräfler Stadt Müllheim trifft man auf ein schwergewichtiges Symbol europäischer Geschichte: die Robert-Schuman-Kaserne. Die Verdienste des französischen Politikers, nach dem die Kaserne benannt ist, und sein Engagement waren so groß, dass die katholische Kirche sogar über eine Seligsprechung Robert Schumanns nachdenkt. Im irdischen Sein wurde dem »Vater Europas« 1958 der Karlspreis verliehen. Auf ihn geht der Schuman-Vertrag zurück, der es Deutschland nach dem verlorenen Zweiten Weltkrieg wieder ermöglichte, seine Wirtschaftskraft aufzubauen. Er gestaltete die Straßburger Konvention für Menschenrechte und bürgerliche Grundfreiheiten mit.

Ein Beispiel für ein gelungenes Miteinander, selbst in einem so sensiblen Bereich wie dem des Militärs, stellt die Deutsch-Französische Brigade dar, die seit 1992 den Sitz des Brigadestabs und des Versorgungsbataillons in Müllheim hat. Von hier aus werden alle Truppenteile der Brigade geführt, die sich teilweise auch in Auslandseinsätzen befinden. 2011 verrichteten etwa 2.000 der Soldatinnen und Soldaten ihren Dienst fern der Heimat, auch in Afghanistan. Bei allem Tun versucht man stets nach dem Motto der Brigade zu handeln: »Un devoir d'excellence – Dem Besten verpflichtet«.

Besuchern des Areals vor der Kaserne sei angeraten, die Kamera nicht unbedacht auf das Gelände und die davor postierten bewaffneten Wachen zu richten. Zwar darf man von außen Fotos schießen, setzt damit aber »eine Maschinerie der Überprüfung« in Gang.

Einen sowieso viel besseren Blick hat man, wenn man links am Militärzaun entlangspaziert. Nach kurzem Fußweg gelangt man auf offizielle Wanderrouten durch die Weinberge. Nach einer kleinen Steigung und der Bezwingung des ehemaligen Rebturms wird man mit einem weiten Blick auf Stadt, Kaserne und Land belohnt.

Adresse Kinzigstraße 2, 79379 Müllheim | **Anfahrt** A 5, Ausfahrt Müllheim/Neuenburg, Richtung Müllheim halten, innerhalb des Ortes die erste Abbiegung links | **Tipp** Bekannt ist die Stadt Müllheim auch wegen des jährlich im April stattfindenden Weinmarkts, dem ältesten in Süddeutschland (seit 1872). Apropos Wein: Wie eine gut situierte Weinbauerfamilie im 18. und 19. Jahrhundert lebte, kann man sich im Markgräfler Museum im Blankenhorn-Palais (Wilhelmstraße 7) anschauen.

65 Das Bienenkundemuseum
Süße Verführung

Wenn man vom Ortszentrum Münstertal weiter bergan fährt, findet man rechter Hand das berühmte Kloster St. Trudpert, das heute von der Kongregation der Schwestern vom Heiligen Josef zu Saint Marc betrieben wird. Junge Frauen können hier ein paar Tage Kloster auf Zeit erleben.

Noch ein paar Minuten weiter kommt man zum Spielweg, wo andere fleißige Wesen Hauptpersonen sind. Das Bienenkundemuseum Münstertal zeigt nahezu alles, was die Geschichte der Imkerei zu bieten hat – und das ist nicht wenig. Mit seiner großen Sammlung, die ansprechend in mehreren Räumen des alten Rathauses im Obertal untergebracht ist, ist das Münstertaler Bienenkundemuseum das größte seiner Art in Europa.

1978 wurde das Museum eröffnet. Hauptmotor dafür war Karl Pfefferle, der weit über die Grenzen Münstertals hinaus einen Namen in der Imkerszene hat. Pfefferle hatte zum Jubiläum des örtlichen Imkervereins historische Imkerutensilien ausgestellt. Das kam gut an. Und da das alte Rathaus leer stand, bekam er es von der Gemeinde als Museumsstandort zur Verfügung gestellt. Die ganze Familie und der Verein mussten mithelfen, zumal die Sammelleidenschaft Pfefferles immer größer wurde. So reiste er schon einmal um die halbe oder auch ganze Welt, um sich vor Ort auf eigene Kosten ein bestimmtes Werkzeug zu kaufen, das in der Sammlung noch fehlte. Auf mehr als 800 Quadratmetern Ausstellungsfläche ist alles zu finden, von der 50 Millionen Jahre alten Urbiene in Bernstein bis zur Biene Maja, vom Beginn der Imkerei über deren Ausführung in allen Erdteilen bis zur aktuellen Honigschleuder. Auch wenn das Museum selbst etwas angestaubt wirkt, kann man hier doch – mit oder ohne Kinder – einem verregneten Schwarzwaldtag ein paar lehrreiche Stunden abgewinnen. Dazu gibt es Kunst und viele Geschichten – und am Empfang kann man auch regionalen Honig kaufen. Da fehlt nur noch das Café …

Adresse Spielweg 55, 79244 Münstertal-Obermünstertal | **Anfahrt** A 5, Ausfahrt Bad Krozingen, durch Staufen hindurch nach Münstertal | **Öffnungszeiten** Mi, Sa, So, feiertags 14 – 17 Uhr | **Tipp** Im Besuchsbergwerk Teufelsgrund, einem alten Silberbergwerk, befindet sich im Schindlerstollen ein Heilstollen für Asthmapatienten (geöffnet Mitte Mai bis Mitte Oktober).

MÜNSTERTAL-STOHREN

66 Die kleinste staatliche Schule im Schwarzwald

»Setzen, ihr sechs!«

Ob die kleine Schule im Münstertaler Ortsteil Stohren die kleinste staatliche Schule Deutschlands ist, weiß die Lehrerin nicht. Auf jeden Fall aber die kleinste des Schwarzwalds, die kleinste Baden-Württembergs und bundesweit die kleinste höchstgelegene. »Auf einer der Halligen könnte eine noch kleinere Schule sein«, meint die sanft wirkende Frau, die zusammen mit ihrem Mann seit mehr als 30 Jahren in Stohren unterrichtet. Was eigentlich nur ein kurzes Intervall in der Karriere der beiden sein sollte, wurde zur Lebensaufgabe. Schnell hatte man die großen Vorteile der kleinen Stohrenschule erkannt: In der Grund- und Hauptschule, die zeitweise nur von sechs Schülern besucht wurde, konnten sie ihre eigene pädagogische Überzeugung umsetzen. Die findet sich auch heute noch auf dem Lehrplan. Die Schüler verbringen viel Zeit im Freien, pflegen einen am steilen Hang angelegten Schulgarten, malen viel und musizieren gerne. Ob die Bildung in der Stohrenschule schon immer so musisch angelegt war, darf bezweifelt werden. Anfang des 19. Jahrhunderts unterrichtete Dominik Gutmann die Kinder des Dorfs in Rechnen, Schreiben und Lesen. 46 Jahre lang war er hier Dorflehrer. Ein Denkmal in Form einer Steinstele steht ihm zu Ehren noch heute an der Schule.

Aufgrund der heutigen Ausrichtung wird die Stohrenschule längst nicht mehr von den viel zu wenigen Dorfkindern besucht. Einige stammen aus der Umgebung, auch wenn der steile Schulweg besonders in der Winterzeit aufreibend sein kann. Dafür entschädigt der Blick. Und wenn es mal regnet, sitzt man im großzügigen Klassenzimmer im ersten Stock des Schwarzwaldhauses und lernt. Wegen der Treppen ist die Aufnahme von körperbehinderten Kindern schwierig, aber das Lehrerehepaar würde gern geistig behinderte Schüler in die einzige Klasse aufnehmen. »Das würde allen guttun«, meint die engagierte Lehrerin.

Adresse Stohren 3, 79244 Münstertal-Stohren | **Anfahrt** von Freiburg aus die sehr kurvige Schauinslandstraße (L 124) Richtung Todtnau, nach der Schauinslandbahn rechts auf die K 4958, an deren Ende links fahren auf die K 4957; von Münstertal über die L 123, in der stärksten Kurve links nach Stohren abfahren; Achtung: Es gibt auf dieser Strecke ein paar extreme Steilkurven. | **Tipp** An der Straße von Münstertal nach Stohren hoch gibt es zahlreiche gute Klettermöglichkeiten. Am familientauglichen Harzlochfelsen finden sich etwa 40 Touren der Grade zwei bis sieben mit fünf bis 25 Metern Höhe.

OBERHARMERSBACH-ZUWALD

67 Die Kriegergrotte
Lourdes im Gold

»Biegen Sie rechts ab!« Navigationsgeräte und der Schwarzwald, das kann schiefgehen. Denn die kleinen elektronischen Wegweiser kennen auch die einspurigen Sträßchen, die zwar offiziell als allgemeingültige Wege dienen, aber nicht immer für Pkw geeignet sind. Stures Befolgen der Hinweise kann an einen Ort führen, an dem letztlich nur Wenden hilft.

So etwas passiert etwa am Oberharmersbacher Zinken Zuwald, der sich mittendrin im tiefsten Schwarzwald befindet. »Im Gold«, wie die Bogenschützen einen Treffer in die Mitte einer Zielscheibe nennen. Eine Redensart, die sich aufdrängt, da man nach etwa drei Kilometern Fahrt durch das romantische Tal das Gasthaus Zuwälder Stüble findet, das von Bogenschützen gern anvisiert wird. Hier gibt es einen 3-D-Jagdbogenparcours, an dem sich auch Anfänger versuchen können. Und man erfährt, dass die automatisch errechnete Route nicht die beste ist, und wird zurückgeschickt.

Fast wieder am Eingang des Zuwälder Tals angekommen, findet man an der Gallus-Säge einen kleinen Wegweiser, der auf die Kriegergrotte aufmerksam macht. Der kurze Weg ist befahrbar und öffnet sich schnell zu einer Lichtung. Die aus Schwerspat gemauerte Grotte stellt die Marienerscheinungen aus Lourdes dar. Über mehrere Zugänge kann man sich der Jungfrau nähern. Vor ihr ist eine Tafel angebracht, die den Zweck des 1926 von Zuwälder Familien errichteten Bauwerks erklärt: »Mutter siehe Da deine Söhne. Zum Gedenken an die Gefallenen und Vermissten der beiden Weltkriege«. Auch im linken Flügel wird die Geschichte sichtbar: in Form eines Altars, über dem ein verbleichendes Kriegsbild hängt und eine Liste der nicht aus dem Krieg zurückgekehrten Männer. Hier hat man die Möglichkeit, eine Kerze aufzustellen.

Wie die meisten Lourdes-Grotten-Nachbildungen ist die in Zuwald vielleicht nicht grottenhässlich, aber auch kein Ausbund reinster Schönheit.

Adresse Straße Zuwald, 77784 Oberharmersbach-Zuwald | **Anfahrt** von Zell am Harmersbach auf der L 94 nach Oberharmersbach, am Ende der durchgängigen Bebauung am Gasthof Linde rechts in die Straße Zuwald, zur Grotte nach rund 250 Metern links | **Tipp** Spielspaß für Klein und Groß gibt es im Adventure-Minigolf-Park, Talstraße 68, mit 18 ungewöhnlichen, regional bezeichneten Minigolfbahnen.

68 Die Mediathek
Form ergänzt Funktion

Die Stadtbücherei platzte aus allen Nähten. Die Oberkircher liehen aus und lasen, als ob es einen Ruf zu verteidigen gäbe. Bei so viel Bildungswut spielt vielleicht doch das »literarische Erbe« der Region mit hinein. Immerhin schrieb von Grimmelshausen hier den ersten Abenteuerroman überhaupt und damit einen Bestseller, der die Barockzeit weit überdauerte.

Die Bibliothek, bisher im Rathaus untergebracht, brauchte mehr Raum. Die Stadtoberen setzten noch einiges mehr auf ihren Wunschzettel. Das Stadtarchiv suchte eine neue Bleibe, und einen schönen und funktionalen Veranstaltungsraum wünschte man sich ebenso. Mit dieser Liste im Gepäck rief man einen Architektenwettbewerb aus. Der Standort war klar. Mitten in der Stadt an der Hauptstraße und umgeben von altem Fachwerk sollte die Mediathek entstehen.

Vorgegeben war nur der Inhalt, nicht die Verpackung. Fünf Architekten stellten sehr unterschiedliche Lösungen vor. Auf dem Reißbrett erregte der Sieger noch Widerstand bei der Bevölkerung. So ganz konnte man sich den Schachtelbau nicht inmitten der alten Fachwerkhäuser und Traditionsgasthäuser vorstellen. Mittlerweile hat sich der ultramoderne Bau zu einem wahren Publikumsmagneten entwickelt. Die Oberkircher lieben ihre Bücherei wie eh und je und noch mehr. Die Mediathek errang in ihrem Eröffnungsjahr 2010 eine Steigerung von 21 Prozent. Auch freut man sich über die Konzerte im hinzugewonnenen Veranstaltungsraum.

Viele Leute kommen einfach so »mal schauen«. Außen gibt sich der weiß leuchtende Bau eckig. Innen dominiert eine riesige, sich frei windende Treppe, die die vier Stockwerke spiralförmig miteinander verbindet. In den einzelnen Etagen hat man phantastische Sicht aus großen Fensterflächen auf eben jene schönen Häuserzeilen rundum. Die Touristen kreiseln die Stufen auf und ab, weil die ausgefallene Architektur immer neue spannende Blickwinkel zulässt.

Adresse Hauptstraße 12, 77704 Oberkirch | **Anfahrt** A 5, Ausfahrt Appenweier, auf der B 28 an Appenweier vorbeifahren, weiter nach Oberkirch | **Öffnungszeiten** Di, Mi, Fr 13 – 18 Uhr, Do 10 – 19 Uhr, Sa 10 – 13 Uhr | **Tipp** An der Schauenburg oberhalb von Oberkirch steht eine Schnappschuss-Kamera. Diese ist kostenlos nutzbar. Schon am selben Abend steht das Foto auf der Internetseite www.schauenburg.de und kann als Postkarte verschickt werden.

69 Die Rüstungsindustrie
… oder Ballermann und Söhne

In Oberndorf am Neckar stöhnen die Leute gerade auf. Schon wieder schreibt einer über die Rüstungsindustrie, die die Stadt groß gemacht hat. Anfragen zu dem Thema an die Stadtverwaltung sind schriftlich zu stellen, weil man schlechte Erfahrungen mit Autoren gemacht habe. Zudem möchte man sich im Vorfeld über die Schreiber und das Buchprojekt informieren. Dann herrscht lange Zeit Funkstille. Dass die Firmen selbst sehr viel offener mit ihrem Standort und ihren Produkten umgehen, zeigt das Dilemma der Stadtverwaltung. Man lebt gut von dem Geschäft mit den Waffen, möchte aber weg vom Image als Waffenort. Etwas mehr Offenheit allerdings würde weniger verschämt daherkommen.

Schon mitten im Ort kann man die Rüstungsindustrie nicht übersehen, auch wenn die Anlagen der Firma Rheinmetall, früher Mauser, keine martialischen Symbole tragen. Rheinmetall Waffe Munition GmbH, Niederlassung Mauser Oberndorf, hat sich auf die Entwicklung und Produktion von Waffen und Waffensystemen im Mittelkaliberbereich spezialisiert. Es gibt Panzerkanonen, Mörserwaffenanlagen oder Marine-Geschütze. Die Jagdwaffenabteilung von Mauser ist nach Isny gezogen.

Infanteriewaffen von der Pistole über Maschinengewehre und Granatwerfern werden nur ein paar Kilometer weiter im Ortsteil Lindenhof bei Heckler und Koch gefertigt. Anschauen kann man sich das aber nicht. Aus Sicherheitsaspekten, so heißt es aus der Öffentlichkeitsarbeit, würden weder geführte Touren noch allgemein zugängliche Tage der offenen Tür angeboten.

Wer sich über Produkte der Firmen ein Bild machen will, sollte darum lieber in den sogenannten Schwedenbau gehen, der das Heimatmuseum und das Waffenmuseum beherbergt. In Letzterem wird ein großer Überblick über die Techniken der heimischen Waffen gegeben, vom alten Steinschlossgewehr mit Feuersteinzündung bis zur vollautomatischen Multifunktionswaffe mit elektronischer Visierung.

Adresse Heimat- und Waffenmuseum, Klosterstraße 14, 78727 Oberndorf am Neckar | **Anfahrt** A 8, Ausfahrt Oberndorf am Neckar | **Öffnungszeiten** Di, Mi, Fr 14 – 17 Uhr, Sa, So 11 – 17 Uhr | **Tipp** Neben dem Schwedenbau liegt die ehemalige Augustinerklosterkirche mit barocken Deckenfresken des Malers Johann Baptist Enderle.

OBERREICHENBACH

70 — Der Bunker
Wo Datenschutzexperten leuchtende Augen bekommen

Genau 51 Kilometer trennen Stuttgart von der Nordschwarzwaldgemeinde Oberreichenbach. Eine Strecke, die man heute in weniger als einer Stunde zurücklegt. Im Fall eines Falles allerdings hätte jede Sekunde gezählt, damit so viele Personen wie möglich in den Schwarzwald hätten ausweichen können.

Der Ausweichsitz der Landesregierung Baden-Württembergs, so die offizielle Bezeichnung des Atombunkers, ist weiterhin funktionstüchtig, auch wenn er nicht mehr für den atomaren Notfall gedacht ist. Hinter den drei Meter dicken Mauern, fünf Etagen tief in die Erde gegraben, befindet sich alle Infrastruktur, um die Landesoberen sicher weiterregieren zu lassen. Vom fast 100 Meter in die Tiefe reichenden Brunnen über gewaltige Luftfilter, eine Kommandozentrale bis zum Radiostudio.

Während manche Ausweichsitze deutscher Landesregierungen mittlerweile für die Öffentlichkeit zugänglich sind, fühlt man sich bei den beiden Zufahrten in Oberreichenbach an den Kalten Krieg erinnert. Nur Privatstraßen führen in das Waldgebiet oberhalb des Ortes. Warnschilder machen Autofahrern klar, dass beim Befahren der videoüberwachten Straße eine Anzeige wegen Landfriedensbruchs droht. Wer sich doch vorwagt, findet grüne Automatik-Gleittore und Zäune, die mit NATO-Stacheldraht abgesichert sind. Durch den Zaun sieht man ein Auto, das am Verwaltungsgebäude parkt. Dort haben Mitarbeiter einer Computertechnikfirma rund um die Uhr das Innere des Bunkers unter strenger Beobachtung. Die Firma COMback betreibt im Bunker nämlich das CITA, das Centrum für Informationstechnische Angelegenheiten. Neben den aus den 1960er Jahren stammenden Anlagen für den Bunker ist hochmoderne IT-Infrastruktur eingebaut worden, um für den binären Ernstfall gerüstet zu sein. Die Kunden wollen hier ihre Daten gegen alle Eventualitäten gesichert wissen. Darum werden regelmäßig apokalyptische Katastrophen simuliert.

Adresse 75394 Oberreichenbach | **Anfahrt** An der Teinacher Straße geht es kurz nach dem Ortsausgang am Wald rechts. Diese Straße darf nicht befahren werden. | **Tipp** Weil die geschützten Daten so sensibel sind, kommt man nicht ohne Weiteres in die Anlage. Darum heißt es für Sie: Von außen schauen: ja. Ansonsten nutzen Sie lieber das ausgedehnte Rad- oder Wanderwegnetz Oberreichenbachs, um in der Natur auf der Enz-Nagold-Platte unterwegs zu sein.

OBERRIED

71 — Der Barbarastollen
Hirnwindungen aus Zelluloid

Was haben der Vatikan, das Rijksmuseum in Amsterdam und Oberried gemeinsam? Diese drei Orte stehen als einzige in Europa unter dem besonderen Schutz der Haager Konvention im Fall bewaffneter Konflikte, die sozusagen die kleine Schwester der Genfer Konvention ist. Bei Oberried runzeln viele die Stirn: Eine 2.800-Einwohner-Gemeinde im Dreisamtal unter speziellem Schutz? Ja. Oberried hat nun einmal mehr zu bieten, als viele andere Städtchen: etwa das alte Wasserkraftwerk, den Steinwasen-Park oder das alte Wilhelmiten-Kloster und die Wallfahrtskirche Mariä Krönung mit einer Bibliothek, in der 400 vor dem 18. Jahrhundert gedruckte Bücher stehen.

Aber all das bringt Oberried noch lange nicht in die Nähe des Vatikanstaats. Dafür aber der Barbarastollen, der zu Recht als »kulturelles Gedächtnis Deutschlands« bezeichnet wird. Die wichtigsten Kulturgüter lagern dort in einem alten Versorgungsstollen einer Silbermine. Nicht als Originale, sondern als Kopie auf Mikrofilm. Seit 1975 wird der Tunnel vom heutigen Bundesamt für Bevölkerungsschutz und Katastrophenhilfe als zentraler Bergungsort verwendet. Nur zwei Menschen haben einen Schlüssel für das etwas abseitig gelegene Portal und kennen die Kombination der schweren Tresortür im Inneren. Hinter dieser erwarten den Besucher mehr als 1.400 luftdicht verschlossene Edelstahlfässer, in denen die Mikrofilme aufgerollt sind. Fast 25 Kilometer (!) Mikrofilm passen in einen Behälter, etwa 28.000 Kilometer Mikrofilm sind insgesamt eingelagert, darauf befinden sich rund 850 Millionen Aufnahmen. Allein vom eingestürzten Historischen Archiv der Stadt Köln lagern mehr als 10 Millionen Aufnahmen dort, etwa die Baupläne des Kölner Doms, die Krönungsurkunde Ottos des Großen von 936 oder die Goldene Bulle von 1356. Aber auch handschriftliche Werke der großen Komponisten und Dichter sind zu finden. In den Fässern sollen die Mikrofilme mindestens 500 Jahre ohne Informationsverlust ausharren können.

Adresse 79254 Oberried | **Anfahrt** Von der B 31 bei Kirchzarten auf die L 126 nach Oberried. Wenn man den Hörnegrundweg hochfährt, geht eine Privatstraße in der Kurve nach dem ersten Gehöft geradeaus zum Stolleneingang. Man kann bis zum Eingang gehen, den man an dem dreifach angeordneten blau-weißen Kulturgutschutzzeichen erkennt. | **Öffnungszeiten** Alle zwei Jahre gibt es einen Tag der offenen Tür, sonst ist der Stollen nicht zugänglich. | **Tipp** Im Steinwasen-Park gibt es die mit 218 Metern Länge und 30 Metern Höhe längste Erlebnis-Seilbrücke der Welt. Ansonsten sind viele weitere Attraktionen und sogar Luchse zu sehen.

OFFENBURG

72 Das Wandbild in der Innenstadt

Das revolutionäre Klassenzimmer

Die Freiburger sind nicht immer ganz nett zu ihren nördlicheren Nachbarn. Fährt ihnen ein Auto, dessen Nummernschild den Standort des Wagens als Offenburg ausweist, zu rasant, übersetzen sie das »OG« im Kennzeichen gern mit »Ohne Gewissen«. Fährt der Wagen zu langsam oder unsicher, muss es daran liegen, dass da ein »Ortenau-Greis« fährt, ist Offenburg doch Verwaltungszentrum des Ortenau-Kreises.

1847 bis 1849 war Offenburg sowohl einer der Ausgangsorte der Badischen Revolution, als auch stets ein Zentrum revolutionären Denkens. Schon auf der Autobahn weist die braune Tafel auf Offenburgs bekannten »Platz der Verfassungsfreunde« hin. Eher unbekannt ist ein Gemälde an einem Haus in der Klosterstraße. Der Offenburger Stefan Strumbel, dessen Kuckucksuhren mit Maschinengewehren und Granaten Heimat neu definieren, hat hier ein Werk an die Hauswand gebracht. Es zeigt eine Schulklasse mit Kindern, die ohne Lehrer im Klassenzimmer sind und sich selbst beschäftigen. Vor ihnen hängt anstelle der Schultafel ein riesiges Schaubild, auf dem ein Wappenschild zu sehen ist. »Feel the soul« steht klein darüber, riesig steht »1848/49 in Offenburg« darauf. Ansonsten sind die Protagonisten der Badischen Revolution abgebildet.

Dabei ging es in Offenburg schon im September 1847 los, als im Gasthaus Salmen bei der Versammlung der »Entschiedenen Freunde der Verfassung« die Forderungen des Volkes nach Grund- und Menschenrechten proklamiert wurden. Dies war sozusagen der Startschuss für die badische und deutsche Demokratiebewegung. Im März 1848 fand die zweite Offenburger Volksversammlung mit 20.000 Teilnehmern statt. Im Mai 1849 trafen sich über 30.000 Menschen in Offenburg und wurden von der Ausrufung der Revolution überrascht. Noch im selben Jahr wurde die Revolution niedergeschlagen.

Adresse Klosterstraße, 77652 Offenburg | **Anfahrt** A 5, Ausfahrt Offenburg. Die Klosterstraße ist mitten in der Innenstadt. Am besten sucht man sich in der Nähe des Marktplatzes einen Parkplatz. | **Tipp** Es gibt seit September 2011 noch mehr revolutionäre Graffiti in Offenburg. Zehn Bilder jugendlicher Sprayer sind an der Mauer in der Bauerngasse angebracht und stellen Stationen der Badischen Revolution dar.

OPPENAU

73_ Roßbühl und Co
Paradies für Gleitschirmfreunde

Große seiden wirkende Stoffbahnen liegen an dem erst sanft und dann immer steiler abfallenden Hang im Gras. Mit zu dünn scheinenden Schnüren sind sie mit wagemutigen Menschen verbunden, die in ihren Spezialanzügen fast ein wenig militärisch anmuten. Es kommt Wind auf, ein Ruck an der Leine und einer erweckt seinen Schirm zum Leben, der sich aufbläht und plötzlich in der Luft über ihm schwebt. Währenddessen ziehen drei Gleitschirmflieger schon ihre Runden über dem Roßbühl, einer Erhebung bei Oppenau. Der Mann läuft los, geht in die Luft und gesellt sich zu den anderen Fliegern. Dort muss die Aussicht in das weite Tal noch aufsehenerregender sein, als sie es schon für die am Boden Verbliebenen ist.

Wenn am Roßbühl die Gleitschirmflieger starten, sind die wagemutigen Sportler meist nicht lange allein unter sich. Kommt jemand zufällig vorbei, kann es gut sein, dass er anhält, um bei der Show zuzusehen und sich vorzustellen, selbst hier zu starten. Die Faszination Gleitschirmfliegen lässt solche Zaungäste lange hier verweilen. Es wird fotografiert, gestaunt oder ein Gespräch mit den Sportlern oder ihren Begleitern angefangen.

Dabei ist der Roßbühl an der »Oppenauer Steige«, nicht weit von der Passhöhe »Zuflucht« entfernt, nicht Oppenaus einziger Startplatz. Die Gemeinde im Nordschwarzwald gilt deswegen als Mekka für Gleitschirmflieger, weil es vier solcher Startplätze gibt: Mit Roßbühl, Sandkopf, Ibacher Holzplatz und Schäfersfeld ist Oppenau in deutschen Mittelgebirgen wohl der einzige Ort mit Startmöglichkeiten bei allen Windrichtungen. Wohl auch deshalb spielen die Oppenauer Windeckfalken ganz oben in der Gleitschirmbundesliga mit.

2011 gewannen sie diese sogar gegen die harte Konkurrenz aus Bayern, die in ihrer Heimat eigentlich die besseren Flugbedingungen vorfindet. Der Schwarzwald gilt für Langstreckenflüge nämlich als schwieriges Terrain.

Adresse 77728 Oppenau | **Anfahrt** Oppenau liegt an der B 28, der Roßbühl an der L 92, die zur B 500 führt. Von der B 500 kommend nimmt man die Ausfahrt der Passhöhe »Zuflucht« in Richtung Oppenau. | **Öffnungszeiten** je nach Wind | **Tipp** In Oppenau kann man sich für einen Tandemflug anmelden, um vielleicht vom Paraglide-Fieber angesteckt zu werden. Man kann aber auch einfach auf dem Boden bleiben und es sich schmecken lassen. Hier ist die Süßkartoffel Topinambur sehr beliebt, aus der man auch einen feinen Schnaps brennen kann.

OTTENHÖFEN

74 Das Edelfrauengrab
Nach dem Grab geht's zum Grat

Das Schöne am Edelfrauengrab ist, dass Wanderer jeglicher Konstitution auf ihre Kosten kommen. Am Hotel Sternen in Ottenhöfen verlässt man die Hauptstraße und fährt so lange geradeaus, bis man denkt, auf jeden Fall falsch zu sein, weil man sich zwischen Kieshalden wiederfindet. Ganz am Ende des Weges ist ein kleiner Wanderparkplatz, von dem aus man in wenigen Minuten und ohne erwähnenswerte Steigung an die unterste Stufe der Gottschlägbach-Wasserfälle gelangt, das berühmte Edelfrauengrab. Das heißt so, weil hier nach einer Sage eine erst untreue und schließlich grausame Adlige – sie wollte ihre unehelich gezeugten Siebenlinge umbringen lassen – von ihrem Mann eingekerkert wurde. Die sieben geretteten Burschen hatten sich im Exil zu passablen Harfenisten entwickelt und spielten eines Tages am Hof ihrer Mutter. Ihrem Mann wurde zugetragen, wer die Kinder waren, und er fragte seine Gattin, wie sie im Fall einer mörderischen Mutter verfahren würde. »Einmauern bei Wasser und Brot«, war ihr Tipp, und sie wurde beim Wort genommen. Er ließ seine Gattin in der Aushöhlung am Wasserfall einsperren. Irgendwann bekam er wohl doch Mitleid und ließ ihr Gefängnis fluten.

So grausig die Geschichte ist, so schön ist es am Wasserfall. Wem Treppen nichts ausmachen, der kann den Bach entlang weiter nach oben steigen, wo zahlreiche Wasserfall-Stufen immer neue Einblicke bieten. Ganz ambitionierte Wanderer und Kletterer biegen am Schild »Kletter-Partie« ab, um den Karlsruher Grat zu begehen. Aber Achtung: Der ist wirklich nicht ohne. Festes Schuhwerk und trockene Bedingungen sind nötig, um den etwa 400 Meter langen Felsgrat sicher zu bezwingen. Noch ein Stück weiter gelangt man beim Ruhestein zur Schwarzwaldhochstraße, der ältesten Urlaubsstraße Deutschlands. Wenn ein etwas lauffauler Mitreisender vom Edelfrauengrab aus wieder umgekehrt und zum Auto zurückgegangen ist, kann er die Kletterer oben auf der Höhe abholen.

Adresse Edelfrauengrab, 77883 Ottenhöfen | **Anfahrt** A 5, Ausfahrt Achern, Richtung Schwarzwaldhochstraße (B 500), durch Kappelrodeck bis nach Ottenhöfen; von Osten her über Freudenstadt, Ruhestein, Schwarzwaldhochstraße, Seebach bis nach Ottenhöfen | **Tipp** Die evangelische Kirche in Ottenhöfen aus dem Jahr 1936 ist im Stil einer norwegischen Stabkirche gebaut und damit einzigartig in der Region. Im Sommer steht die Kirche offen.

75 — Die Baumwelten
Der Wald steht Kopf

Nach dem zweiten Weihnachtsfeiertag 1999 hat wohl kaum noch ein Waldbesitzer seinen Sohn Lothar getauft. Das gleichnamige Sturmtief über der Bretagne entwickelte sich, auf den Schwarzwald treffend, zu einem Orkan. Die letzte Messung auf dem Feldberg zeigte eine Windgeschwindigkeit von 212 Stundenkilometern an, bevor das Messgerät nicht mehr standhielt. Lothar knickte die Bäume um wie Streichhölzer. Mancherorts zog er Schneisen der Verwüstung durch den dichten Wald, anderswo fegte er ganze Bergkuppen kahl. Der Orkan zerstörte 40.000 Hektar Wald, etwa drei Prozent der Waldfläche des Landes. Am stärksten traf es die Regionen Lahr, Gengenbach, Baiersbronn und Pfalzgrafenweiler.

Manchmal schmerzte auch der Verlust einzelner Bäume ganz besonders. Im Naturschutzgebiet Große Tannen bei Kälberbronn warf der Orkan die 300 Jahre alte und mit 55 Metern wahrscheinlich höchste Weißtanne Deutschlands um. Die Gemeinde fasste den Plan, die Naturkatastrophe nicht nur forstwirtschaftlich, sondern auch künstlerisch zu verarbeiten. So wurde die Wurzel der Weißtanne mit Metallelementen bearbeitet und umgekehrt auf den abgeknickten Stamm gesetzt. Heraus kam ein archaisch anmutendes Mahnmal, das noch zu sehen ist auf der »Baumwelten-Tour«.

Alle skulptural gestalteten Baumwracks bleiben der Witterung ausgesetzt. Einer der vormals »vier blauen Bäume«, die Ausgangspunkt dieses Wanderweges sind, steht schon nicht mehr. Auch die Riesentannenskulptur wird nicht extra freigeschnitten, sondern soll nach Willen der Künstler und der Gemeinde zuwuchern. Der junge Wald wächst zügig heran.

Bei der Bundeswaldinventur 2002 wurde die Baumartenverteilung neu gemischt. Reine Monokulturen sollen Mischwäldern weichen. Rentabilität spielt trotzdem eine Rolle bei der Forstwirtschaft. Und ob die neuen Mischwälder solchen Stürmen besser standhalten, wird man hoffentlich nicht so schnell nachprüfen müssen.

Adresse 72285 Pfalzgrafenweiler | Anfahrt Der Baumweltenweg beginnt an der B 28, Ecke Kälberbronner Straße. Dort gibt es einen Waldparkplatz, bis zum Weißtannendenkmal hält man sich in Richtung des weißen Wasserhäuschens, etwa 200 Meter weiter findet man das Kunstwerk im Wald auf der linken Seite. | Tipp Der 35 Meter hohe Bergfried der Burgruine Mantelberg beim Ortsteil Bösingen ist begehbar.

76 — Der Kupferhammer
Der Einstieg in den Westweg

Viele Pforzheimer haben nicht immer die höchste Meinung von ihrer eigenen Stadt. Es gibt eine Menge Ecken, die nicht zu den Prachtstücken städtebaulicher Kunst gehören. Dabei hat die »Gold- und Schmuckstadt« durchaus auch ihre attraktiven Seiten und ist ein beliebtes touristisches Ziel. Auch, weil das Gros des deutschen Schmucks hier produziert wird.

Wanderer, die den Westweg, den ältesten deutschen Fernwanderweg, in Angriff nehmen, starten ihre Tour meist in Pforzheim, am Gasthaus Kupferhammer im Süden der Stadt. Dort kann man sich noch einmal stärken und erfrischen, bevor man sich auf Schusters Rappen auf die mehr als 280 Kilometer lange Reise voller Natureindrücke bis nach Basel macht. Zahlreiche Veranstalter bieten Touren an, bei denen man sein Tagespensum ohne Gepäck abwandert, jede Nacht in einem Hotel unterkommt (13 Übernachtungen sind für den ganzen Westweg angeraten), und sogar an den Wanderproviant ist gedacht. Das Gepäck wird ins jeweilige Hotel geliefert.

23.000 Kilometer ausgebaute Wanderwege gibt es im Schwarzwald. Die 280 Kilometer des Westwegs mit der roten Raute als Zeichen haben Mitglieder des Schwarzwaldvereins im Jahr 1900 nach alten Routen angelegt. Und auch heute noch kümmern sich die Ehrenamtlichen um den guten Zustand des Wegs.

Der Start in Pforzheim beginnt an einem Bauwerk, das nicht recht zum Westweg passen will, der »Goldenen Pforte«. Ein großes Tor aus Holz, teilweise mit goldfarbenen Elementen bestückt, gibt Informationen zum Weg und zur Stadt. Allerdings führt Pforzheims Pforte in eine Sackgasse. Dann folgt man lieber doch dem Hinweisschild zum Auerbach-Denkmal. Ludwig Auerbach war Schmuckhersteller in Pforzheim und dichtete unter anderem den Text zum Lied »O Schwarzwald, o Heimat, wie bist du so schön«.

Am Kupferhammer starten übrigens auch der Mittelweg nach Waldshut und der Ostweg nach Schaffhausen.

Adresse Am Kupferhammer, 75181 Pforzheim | **Anfahrt** A 8, Ausfahrt Pforzheim West oder Pforzheim Nord, die Straße Am Kupferhammer geht von der Calwer Straße (B 463) ab | **Tipp** Das DDR-Museum in der Hagenschießstraße 9 beherbergt eine in Westdeutschland einzigartige Privatsammlung zum Alltag in der DDR. Geöffnet ist es jeden So von 11 bis 15 Uhr.

77 — Die Einsiedelner Kapelle
Der Dank einer großen Staatsfrau

Maria Einsiedeln in der Schweiz ist einer der berühmtesten Wallfahrtsorte der Welt. Im Inneren der Wallfahrtskirche steht eine Kapelle, die man als Kopie noch zweimal auf der Welt findet: in Tschechien und im badischen Rastatt. Für die wundersame Vermehrung ist Markgräfin Sibylla Augusta von Baden verantwortlich.

32 Jahre war Sibylla Augusta alt, als im Jahr 1707 ihr Mann, Markgraf Ludwig Wilhelm von Baden-Baden, der Türkenlouis, den Folgen einer Schussverletzung erlag. In seinem Testament hatte der kämpferische Markgraf sie zur Oberlandesregentin ernannt. Obwohl sie nur wenig Erfahrung in Politik und Verwaltung besaß, schaffte sie es, die Markgrafschaft in Kriegszeiten erfolgreich zu führen. Zudem ließ sie prachtvolle Gebäude errichten, etwa das Schloss Favorite in Rastatt-Förch, das ihre Porzellansammlung beherbergt.

Dazu war die Markgräfin eine sehr gläubige Frau, die viele Schicksalsschläge hinnehmen musste. Die ersten fünf ihrer neun Kinder starben innerhalb ihrer ersten sechs Lebensjahre, erst Ludwig Georg war ein längeres Leben gegönnt. Allerdings wollte er einfach nicht anfangen zu sprechen. Als er sechs Jahre alt war, pilgerte die Markgräfin nach Maria Einsiedeln. Nach der Wallfahrt soll der Junge zu reden begonnen haben, und Sibylla Augusta ließ dankbar eine Kopie der Einsiedelner Kapelle nach Originalplänen in Schlackenwerth, ihrer böhmischen Heimat, errichten.

Wiederum dankbar war sie, als der Krieg mit den Franzosen 1714 mit der Unterzeichnung des Friedensvertrags in Rastatt beendet war: Sie ließ die zweite Kopie erbauen. Im Inneren ist die Kapelle schlicht gehalten. Zentral findet sich die Nachbildung des Einsiedelner Gnadenbildes, die Schwarze Madonna, die von Putten und goldenen Blitzen umgeben ist.

An den Wänden zeugen Bilder und Tafeln von der Verehrung, die Maria entgegengebracht wird – und vom Dank für verschiedene Heilungen.

Adresse Kapellenstraße, 76437 Rastatt | **Anfahrt** A 5, Abfahrt Rastatt auf die B 462, links in Richtung Stadtmitte auf die B 3/B 36 (Karlsruher Straße, die zur Bahnhofs- und zur Kapellenstraße wird), die Einsiedelner Kapelle liegt in Nähe des Schlosses auf der linken Seite, einige Meter weiter gibt es Parkplätze in der Tiefgarage der Badnerhalle. | **Öffnungszeiten** Die Kapelle ist verschlossen, ab und zu gibt es Besichtigungen, die über die Schlosskasse erfragt werden können (Tel. 07222/978385). | **Tipp** Das Lustschloss Favorite in Rastatt-Förch (Am Schloss Favorite 5, 76437 Rastatt-Förch) ist das älteste erhaltene Porzellan-Schloss. Einzigartig ist das »Florentiner Kabinett«, dessen Wände von 758 Steinbildtafeln geschmückt sind.

78 — Die Grimmelshausenstadt
… und andere Aspiranten

In Renchen steht eine große Statue inmitten des Brunnens vor dem Rathaus. Die schlanke Figur, die ihren kecken Hut zum Gruße lupft und ein Schwert und eine Schriftrolle in der anderen Hand trägt, entstammt dem Hauptwerk eines früheren »Bürgermeisters« der Stadt – und nebenbei eines der wichtigsten deutschen Schriftsteller aller Zeiten: Johann Jakob Christoffel von Grimmelshausen. Sein »Simplicissimus« gilt als erster Abenteuerroman und spielt in den Wirren des Dreißigjährigen Krieges, in den auch sein Verfasser 1621 oder 1622 hineingeboren worden war. Der kleine Christoffel war erst fünf Jahre alt, als sein Vater starb. Die Mutter zog mit ihrem zweiten Mann nach Frankfurt, Grimmelshausen blieb bei seinem Großvater im hessischen Gelnhausen. Als die Stadt 1634 vom Krieg überrollt wurde, begann Grimmelshausens Flucht und schließlich die Zeit als Soldat, bis er 1649 heiratete und nach Oberkirch zog, wo er wohl seinen Roman – »Der Abentheuerliche Simplicissimus Teutsch« – geschrieben hat. Bis 1667 arbeitete er in verschiedenen Stellungen. Dann aber hatte er mit seiner Arbeit als Schultheiß in Renchen endlich eine gefunden, mit der er seiner ansehnlichen Familie Sicherheit bieten konnte.

Renchen wirbt heute mehr denn je mit seinem berühmten Bewohner. Mit Skulpturen und Denkmälern, der nach ihm benannten Schule, Bildern an der Grimmelshausen-Stube, dem Literatur-Preis und natürlich dem »Simplicissimus-Haus«. Dieses bezeichnet sich als »ein Museum zur Rezeptionsgeschichte«. Vor allem die Beschäftigung der modernen Kunst mit dem Dichter und seinem Werk interessiert die Macher, was zu einer sehr interessanten Ausstellung abseits der normalen Schaukastenmuseen und ohne historische Ausstellungsstücke führt.

Grimmelshausen starb übrigens auch in Renchen. 1676 wollte er noch in den Niederländisch-Französischen Krieg eingreifen, doch er soll im Bett gestorben sein.

Adresse Hauptstraße 59, 77871 Renchen | Anfahrt A 5, Ausfahrt Achern, auf die B 3 nach Renchen | Öffnungszeiten So 15 – 18 Uhr; außerhalb dieser Zeiten kann man sich im Rathaus einen Schlüssel geben lassen. | Tipp Nach so viel Grimmelshausen sollte man etwas spazieren gehen und im Anschluss vielleicht noch in einer der zahlreichen Gaststätten einkehren. Vielleicht finden Sie ja irgendwo eine Grimmelshausen-Platte …

79 Der Leopoldskanal
Entwicklungshilfe fürs Aktuelle Sportstudio

Heinrich Klein starb 2011 92-jährig in einem Seniorenstift in Dortmund. 1919 wurde er in Riegel am Kaiserstuhl geboren. Seine große Erfindung hat ihn aber überdauert: die Torwand, auf die Gäste des Aktuellen Sportstudios seit Jahrzehnten schießen. »Drei oben, drei unten!«, heißt es dort seit Mitte der 1960er Jahre. Die Torwand wurde damit zum ersten Unterhaltungselement in einer Sportnachrichtensendung und war schnell so beliebt bei den Zuschauern, dass es bei der Absetzung der Torwand in den 1970ern Proteste hagelte. Bis heute versuchen die Sportgäste noch immer, einmal alle sechs Bälle zu versenken, was noch nie geklappt hat.

Erfinder gab es noch mehr in Riegel, etwa einen Geometer namens Knöbel, nach dessen Idee der 12,5 Kilometer lange, nach dem damaligen badischen Großherzog benannte Leopoldkanal entstanden ist.

Nördlich von Riegel befanden sich die natürlichen Überschwemmungsgebiete der Flüsse Elz, Dreisam und Glotter. Hochwasser brachte regelmäßig große Schäden mit sich, die zu Hungersnöten und Seuchen führten. 1802 schlug Knöbel vor, einen Kanal zu bauen, der die Hochwässer der drei Flüsse auf geradem Weg in den Rhein ableitet. Der zuerst Notkanal genannte Bypass wurde 1843 fertiggestellt, die Kosten lagen aber weit über den Plänen, was für Unmut in der Bevölkerung sorgte. Der verschwand aber schnell, als bei den Extremhochwässern 1844 und 1845 der nördliche Breisgau erstmals von Überschwemmungen verschont blieb.

Direkt am Kanal gelegen, steht die ehemalige historische Riegeler Brauerei. Riegeler Bier gibt es zwar auch heute noch, wird aber mittlerweile – nach einem Aufkauf zuerst von der Fürstenberg-Brauerei und dann von Heineken – in Donaueschingen hergestellt. In den Brauereigebäuden finden sich heute Wohnungen und die Messmer Foundation, die sich den schönen Künsten verschrieben hat, wie man schon am Skulpturenpark sehen kann.

Adresse Museum der Messmer Foundation, Großherzog-Leopold-Platz 1, 79359 Riegel am Kaiserstuhl | **Anfahrt** A 5, Ausfahrt Riegel, vor dem Kanal links auf die Teninger Straße | **Öffnungszeiten** Di – So 11 – 17 Uhr, jeden 2. Mittwoch im Monat kostenfreie Führung ab 17.15 Uhr | **Tipp** Im Sommer bilden sich – zu Recht – meterlange Schlangen vor dem Eiscafé La Gondola in der Innenstadt.

ROTTWEIL

80 — Die Rottweiler-Statue
Hundefreuden in der ältesten Stadt

Wundern Sie sich nicht, wenn Sie auf dem Weg zum Zentrum der ältesten Stadt Baden-Württembergs (gegründet im Jahr 73 nach Christus) vor allem an zeitgenössischen Kunstwerken vorbeikommen. Seit den 1970er Jahren tobt die Moderne in der geschichtsträchtigen Stadt und setzt reizvolle Kontrapunkte. Die Skulpturen sollen verstören, sind aber mittlerweile so stark ins Stadtbild integriert, dass sie kaum noch einen Einheimischen aus dem Konzept bringen.

Eine treibende Figur war der Bildhauer Professor Erich Hauser, dessen Werkhalle heute noch für zeitgenössische Musikaufführungen genutzt wird und der mit einer Stiftung über seinen Tod hinaus junge Bildhauer unterstützt. Unverhofft trifft man im Stadtraum auf die zumeist riesigen Skulpturen verschiedener Künstler. Unübersehbar vor dem Landgericht, der Post, im Innenhof des Dominikanerklosters und vor dem neuen Rathaus.

Vor dem Stadtmuseum indes steht ein naturalistisch gearbeiteter Hund, ein Rottweiler aus Bronze. Der passt zwar nicht in den vorherrschenden Kunststil, ist aber untrennbar mit seiner Stadt als Namensgeberin verknüpft. Zu Zeiten, da in Rottweil noch die Kuh durchs Dorf getrieben wurde, Rottweil galt lange als »Viehhandelszentrum«, züchteten die Metzger einen Hundetyp heran, der ihre Herden zusammenhalten und Haus und Hof bewachen konnte. Sie setzten die starken Tiere sogar als Zughunde ein. Seit 1910 tun sie offiziell Dienst bei der Polizei. Kein Wunder, dass der »Rotti« als moderner Familienhund oftmals unterfordert ist.

Wen die Kunst im öffentlichen Raum leicht überfordert, dem sei das Dominikanermuseum – und dort die Abteilung »arae flaviae« – empfohlen. Das Zentrum der Ausstellung stellt ein großes Orpheus-Mosaik dar, das das Alter und den römischen Ursprung der Stadt kunstvoll belegt. Weiter gelangt man in die, ebenfalls dort ansässige, »Sammlung Dursch«, in der sakrale Kunst des Mittelalters gezeigt wird.

Adresse Das Stadtmuseum – samt Rottweiler-Statue – findet man in der Hauptstraße 20, 78628 Rottweil | **Anfahrt** A 81, Ausfahrt Rottweil | **Öffnungszeiten** Museum Di – So 14 – 16 Uhr | **Tipp** Wunderbar gemütlich sitzen und genießen kann man in einem der zahlreichen Cafés oder Restaurants, die auf der Hauptstraße außen bestuhlen.

SCHILTACH

81 Die astronomische Kunstuhr

Saturns Rache

Der Erbauer der berühmtesten Uhr von Schiltach war kein Uhrmacher, sondern Weber. Johannes Pfaff erbaute seine astronomische Kunstuhr in der Zeit von 1921 bis 1925. Vier Jahre und drei Monate hat er daran gearbeitet – neben seiner eigentlichen Stellung als Handwerker in einer Tuchfabrik, der er 53 Jahre die Treue hielt. Dabei war sein Traum die Feinmechanik.

Bereits in den 1910er Jahren hatte Pfaff eine astronomische Uhr gebaut, die allerdings nicht mehr existiert. Mit seiner zweiten wagte er sich zur Schiltacher Gewerbeausstellung 1925 an die Öffentlichkeit. Danach konnte man sie sich bis zu seinem Lebensende 1957 in seinem Privathaus anschauen. Die Folgejahre verbrachte die Uhr in einem Museumsdepot, bis ein Schiltacher Bürger sie aufwendig restaurierte.

Die astronomische Kunstuhr bietet viel zu entdecken. Ganz unten befinden sich ein ewigwährender Kalender und ein Kirchenkalender mit Wochentagsanzeige. Dazu ein Planetensystem, das Erdkugel und Mond im Verhältnis zur Sonne zeigt. Darüber eine Drehscheibe mit Fixsternhimmel und Tierkreiszeichen. Oberhalb dieser Scheiben hat Pfaff die normale Stundenuhr gesetzt, darüber eine geschlossene Pforte angebracht. Die öffnet sich, wenn um 12 Uhr mittags der auf einer Brüstung stehende Jesus Christus mit Kreuz und Dornenkrone von römischen Soldaten mit Lanzen umschritten wird. Während ein Mönch läutet, öffnet sich diese Pforte, um eine beleuchtete Kapelle zu zeigen, die »Ruhe Christi«.

Damit allerdings noch nicht genug: An der Spitze der Uhr sind noch weitere Figuren angebracht: ein krähender Hahn, eine Figur mit Schwert und der Waage der Gerechtigkeit, die sich alle 15 Minuten bewegt, und ein Sensenmann, der die volle Stunde schlägt. Die Stadt hat die Uhr als Dauerleihgabe im Uhrengeschäft Salbert auf dem Marktplatz ausgestellt, wo sie kostenlos besichtigt werden kann.

Adresse Marktplatz 12, 77761 Schiltach | **Anfahrt** an der B 294 zwischen Hausach und Alpirsbach | **Öffnungszeiten** Di – Fr 9.30 – 12.30 Uhr und 14.30 – 18 Uhr, Sa 9.30 – 12.30 Uhr | **Tipp** Nicht umsonst wirbt Schiltach mit dem Slogan: »Eine Stadt wie im Bilderbuch«. Die historische Altstadt ist einfach märchenhaft schön.

82 Die Heimat der Stromrebellen

Ein Städtchen macht in Strom

Als es am 26. April 1986 in Tschernobyl zur Kernschmelze kam und die radioaktive Wolke auch über Süddeutschland zog, begann in Schönau die Energiewende. Einigen Schönauern war es nicht genug, Betroffenheit zu zeigen. Sie gründeten den Verein »Eltern für atomfreie Zukunft«, der sich mit Stromspartipps und -wettbewerben einen Namen machte. Im zweiten Schritt gründete man eine kleine Firma, die Kleinwasserkraftwerke reaktivierte und Fotovoltaikanlagen förderte. Damit war man dem örtlichen Stromversorger ein Dorn im Auge, der der Stadt 100.000 Mark bot, um die Konzession frühzeitig zu verlängern. Die noch jungen Rebellen boten der Stadt die gleiche Summe, sollte sie auf dieses Angebot nicht eingehen. Der Gemeinderat stimmte aber mit einer Stimme Mehrheit für den großen Energieversorger, worauf die Bürgerinitiative einen Bürgerentscheid ins Leben rief und diesen auch gewann.

Im Januar 1994 wurden die Elektrizitätswerke Schönau (EWS) als GmbH gegründet. Einziger Gesellschafter war die Netzkauf GmbH, an der über 650 Bürger beteiligt waren. Der Gemeinderat vergab die Konzession an die EWS, doch diesmal riefen die Gegner zum Bürgerentscheid, um dies zu verhindern. Sieger blieben die Stromrebellen. Die EWS wurde damit zum Schönauer Stromversorger. Der bisherige verlangte nun 8,7 Millionen Mark für das Stromnetz, musste später aber zugeben, dass der Preis zu hoch angesetzt war. Am Ende waren es 6,5 Millionen, von denen 2,5 Millionen über einen bundesweiten Spendenaufruf erzielt wurden.

Seit der Liberalisierung des Strommarktes wachsen die EWS stetig, die weiterhin strikt auf atomstromlose und ökologische Energieversorgung setzen. Mittlerweile sind Zehntausende von Haushalten und Hunderte von kleinen und großen Unternehmen zu den EWS gewechselt.

Adresse EWS, Friedrichstraße 53/55, 79677 Schönau im Schwarzwald | **Anfahrt** an der B 317 zwischen Lörrach und Feldberg | **Tipp** Auf der Straße von Schönau nach Schönenberg findet man auf der rechten Seite den Einstieg zum Philosophenweg, der mit philosophischen Sprüchen zuerst durch Wald und dann über heideähnliche Landschaft führt.

83 Der Eichener See

… der meist kein Wasser hat

Tief im Süden grenzt das Städtchen Schopfheim an den Schwarzwald, das mit dem See beim Ortsteil Eichen ein launisches Naturwunder sein Eigen nennt. Der liegt nämlich meist trocken, nur in feuchten Jahren taucht er manchmal auf. Und das kann über Nacht passieren.

Erstmals erwähnt wurde das ungewöhnliche Gewässer im Jahr 1772, weil fünf junge Männer darin ertrunken sind. Nur wenige Tage später wäre ihnen kein Leid geschehen. Da war das Wasser wieder verschwunden, und die Blumen begannen, auf der Wiese zu blühen.

Wie der See entsteht und plötzlich verschwindet, hat die Wissenschaft noch nicht endgültig geklärt. Unbestreitbar ist aber, dass der Dinkelberg, auf dem der Eichener See liegt, zu großen Teilen aus Muschelkalk besteht. Durch den ziehen sich viele Risse und große Höhlensysteme, in denen sich das Grundwasser anstauen kann. Wenn genug Wasser da ist, sprudelt es zwischen dem Gras regelrecht hervor. Rund 2,5 Hektar wird der divenhafte See groß.

Das allein ist schon sehr mysteriös. Noch geheimnisvoller wird es, wenn es um den berühmten Bewohner des Sees geht: den Blattfußkrebs, der seine Kiemen an den Beinen trägt und in Mitteleuropa nur hier existiert. Kaum verdient der See seinen Namen, wird das rund zwei Zentimeter lange Tierchen aktiv. Eile ist angesagt: fressen, wachsen, kopulieren. Für die Weibchen heißt es obendrein ganz schnell Eier legen. Die können mehrere Jahre im Trockenen warten, bis der See endlich erneut aufzutauchen geruht. Kein Wunder, dass sich das mysteriöse Erscheinen des Sees per Mund-zu-Mund-Propaganda blitzschnell herumspricht. Wenige Tage später berichten die Zeitungen über das Naturwunder und spätestens dann verlegen viele Spaziergänger ihre Runde am seltenen Gewässer entlang. Manchmal ist er dann aber auch schon wieder untergetaucht – es bleibt eine immer noch angenehme Promenade auf einem Weg, der nichts als eine Wiese zu umrunden scheint.

Adresse 79650 Schopfheim-Eichen | **Anfahrt** B 518 in Richtung Wehr/Bad Säckingen und an Eichen vorbei, etwa 1,5 Kilometer nach Schopfheim geht rechts ein kleiner Weg auf den an der Straße gelegenen Parkplatz, von dort sind es etwa 400 Meter zu Fuß. | **Tipp** Schopfheim verfügt über eine hübsche Altstadt. An der Ecke Hauptstraße/Konrad-von-Rötteln-Straße steht eine große Plastik des Skandalbildhauers Peter Lenk, die die karge Beteiligung Schopfheims an der Badischen Revolution darstellt.

84 Die Chäs-Chuchi
Aller Käse selbst gemacht

Eine Mitfahrgelegenheit kann weitreichende Folgen haben. Die fesche Münchnerin Sabine suchte eine zu ihrer Molkereifachschule – und fand dabei den Mann fürs Leben. Ihr war die Liebe zum Käse schon in die Wiege gelegt, denn der Vater leitete als Geschäftsführer eine große Käsefabrik. Larry Arango, der Mann, der das Auto besaß, stammt aus der Zuckerstadt Palmira in Kolumbien und entdeckte seine Leidenschaft zum Käse erstmals in der Schweiz.

Das Paar verwirklichte 2005 seinen Traum von der eigenen Käserei. Sie schauten sich mehrere Betriebe an, aber das »Gold-Dorf« Gersbach hatte es ihnen angetan, ein Ortsteil von Schopfheim, der im Jahr zuvor den Bundesentscheid von »Unser Dorf soll schöner werden« gewonnen hatte. Denn dort gab es eine liebevoll im Nebenerwerb geführte »Chäs-Chuchi«, eine Käse-Küche. In Gersbach war man in den 1990ern auf die Idee gekommen, Fleisch und Milch der vielen Kühe selbst zu vermarkten.

Aus dem ehemaligen Milchhaus wurde die kleine Käserei. Dem Molkereimeister und der milchwirtschaftlichen Laborantin sagte dies zu. Alle zwei Tage werfen sie nun ihre Kessel an und produzieren um die 100 Kilo Käse. Vom Frischkäse über Camembert und Münster bis hin zum Schnittkäse aus Schwarzwälder Kuh- und Ziegenmilch reicht das Sortiment, insgesamt 25 verschiedene Sorten. Man kann die regionalen Spezialitäten direkt im kleinen angeschlossenen Laden oder auf Märkten und im Einzelhandel im Südschwarzwald kaufen.

Die Gersbacher Kuh »Gerlinde«, Maskottchen des Gold-Dorfes, hat es Sabine Arango besonders angetan. Sie ist in ihre Arbeitskleidung eingestickt und steht live sicherlich irgendwo auf einer der satten Weiden. Sabine Arango führt gern Gruppen auf dem Rinderlehrpfad rund ums Dorf. An zwölf Stationen erfährt man hier Wissenswertes rund um das Thema Kuh und kann sogar einen Blick auf Wisente, die »wilden Verwandten« der Hauskuh, werfen.

Adresse Wehratalstraße 12, 79650 Schopfheim-Gersbach | Anfahrt B 317, bei Schopfheim Ausfahrt Kürnberg auf die K 6352, der immer weiter bis Gersbach folgen. Die Chäs-Chuchi ist in der Nähe des Rathauses. | Öffnungszeiten Mo, Mi, Sa 8 – 12 Uhr, Do, So 15 – 18 Uhr | Tipp Aus einem Schulprojekt heraus ist in Gersbach der originalgetreue Nachbau einer Barockschanze entstanden, einer sechsseitigen Wehranlage, die besichtigt werden kann. Parken kann man am Sportplatz an der Rauschbachstraße.

SCHRAMBERG-HEILIGENBRONN

85 Die Quelle des Lebens
Wasser unterm Gnadenbild

Die Quelle des Lebens findet sich im Schwarzwald in Heiligenbronn, einem Stadtteil von Schramberg. Sie steht in der Krypta der 1873 erbauten Wallfahrtskirche St. Gallus unter dem 1442 aufgestellten Gnadenbild der Schmerzensmutter.

Seit dem 14. Jahrhundert ist die Wallfahrt zum Heiligenbronner Gnadenbild nachweisbar und noch heute lebendig. Der Ursprung wird in einer Legende beschrieben, nach der ein Hirte seine wunden Füße in einer Quelle abkühlen wollte. Als er sie wieder herausnahm, waren sie nicht nur gekühlt, sondern vollkommen gesund. Natürlich suchte man nach der Ursache dieser wunderbaren Heilung und fand beim genaueren Blick in die Quelle das Bild der schmerzhaften Muttergottes.

Heute fließt der »Heilige Bronnen« – daher auch der Name des Ortes – in der Krypta. Das Wasser, das von vielen Menschen genutzt wird, trägt das Prädikat »sehr gut«. Die Schwestern lassen sich dies mit regelmäßigen Untersuchungen bestätigen. An der Wand hängen zahlreiche Dankestafeln, die mit dem Spruch »Maria hat geholfen« beschrieben sind.

Ein Stockwerk über der Quelle des Lebens findet man das Gnadenbild, das in seiner langen Geschichte schon einiges erlebt hat. Unter anderem wurde es im Dreißigjährigen Krieg vor den einfallenden Württembergern nach Oberndorf am Neckar in Sicherheit gebracht. Als die Gefahr vorüber war, konnte es am 8. September 1637 in einer feierlichen Prozession wieder heimgeholt werden. Seither wird der 8. September als Wallfahrtstag begangen.

Geprägt wird Heiligenbronn insbesondere durch die Behinderteneinrichtungen der Stiftung St. Franziskus Heiligenbronn. Das 1857 gegründete Franziskanerinnenkloster und die Schulen, Internate, Wohnheime, Werkstätten und Betriebe der Stiftung nehmen einen Großteil der Fläche des Ortes ein. Da passt der Leitspruch der Stiftung: »Lebendig sein. Lebendig bleiben. Lebendig werden.«

Adresse Kloster, 78713 Schramberg-Heiligenbronn | **Anfahrt** Die B 462 führt durch Schramberg, abbiegen auf die L 419 nach Heiligenbronn. | **Öffnungszeiten** Kirche und Brunnen täglich 7 – 18 Uhr | **Tipp** Im Haus Lebensquell kann man eine ständige Ausstellung zum Leben Jesu besichtigen. Der peruanische Künstler Raul Castro hat mit mehr als 260 Figuren beeindruckende Szenen aus der Bibel geschaffen. Die Ausstellung ist sonntags zwischen 14.30 und 16.30 Uhr oder nach Absprache geöffnet.

SCHUTTERTAL-SCHWEIGHAUSEN

86 Das Straßenkreuz auf dem Streitberg

… und ein spukender Abt im Dreieck

Eigentlich ist dieser Ort ganz lapidar das Zusammentreffen dreier Landstraßen: Die L 103 geht nach Nordosten und Nordwesten, die L 106 nach Südwesten und die L 110 nach Südosten. Von Schweighausen zum Streitberg fahrend, findet man nach mehreren scharfen Kurven die sehr großzügig gebaute Kreuzung auf einer weiten Lichtung. Hier gibt es einen Parkplatz und ein auf der anderen Seite stehendes Gasthaus, das passend »Kreuz« heißt. Der Wirt kann erklären, warum der Streitberg diesen Namen hat: Früher sollen sich hier die Lehnsherren der Umgebung getroffen haben, um zu beratschlagen und die lokale Politik zu diskutieren.

Aber es gibt noch mehr Geschichten zum Streitberg und dem »Kreuz«. Das Gebäude wurde 1846 erbaut und diente ursprünglich als Pferdestation. Wollten die Fuhrleute etwas trinken, konnten sie das entweder in der katholischen, zum Kloster Ettenheimmünster gehörenden Wirtschaft »Kreuz« oder in der dahinterliegenden evangelischen Gaststätte, die es aber nicht mehr gibt. Noch heute ist das »Kreuz« eine Wirtschaft, in der viele Durchreisende einkehren. Ob Motorradfahrer, die gern im schattigen Biergarten sitzen, Oldtimer-Konvois oder Reisende aus Richtung Stuttgart, die auf dem Weg zum Europapark Hunger bekommen.

Zu guter Letzt noch eine Spukgeschichte: Über der Eingangstür der Wirtschaft ist ein goldenes Dreieck eingelassen. Der Wirt erzählt, dass im Krieg Soldaten versucht haben sollen, auf dieses Dreieck zu schießen, doch keine einzige Kugel habe getroffen. Der Abt müsse sie abgelenkt haben. Der Abt? Ja, ein Abt soll in dieses Dreieck gebannt sein. Wer oder warum, weiß der Wirt nicht. Aber dass man sagt, der Abt würde ab und zu auch noch herumwandern. Dann winkt er ab. »Wir haben ihn noch nicht gesehen. Bei uns hat er noch kein Bier getrunken.«

Adresse Streitberg 1, 77978 Schuttertal-Schweighausen | **Anfahrt** A 5, Ausfahrt Ettenheim, der L 103 folgen bis zum Straßenkreuz | **Öffnungszeiten** wochentags 11 – 23 Uhr, So, feiertags 10 – 23 Uhr, dienstags Ruhetag | **Tipp** In Schweighausen sollte man die Kniesteinkapelle besuchen, wo ein Einsiedler so viel gekniet haben soll, dass es sichtbare Einbuchtungen im Stein gibt.

87 Die Schlacht von Dossenbach

Freiheit – das Einzige, was zählt

Georg Herweghs Herz schlug für die Freiheit. Als er in Paris von der Badischen Revolution hörte, machte er sich auf, um im Schwarzwald für die Demokratie zu kämpfen. Das Dörfchen Dossenbach spielte dabei im Jahr 1848 eine bedeutende Rolle. Am 27. April trafen 600 Mann und eine Frau auf die Truppen der württembergischen Staatsmacht – und wurden vernichtend geschlagen. Ein Gedenkstein an der Mehrzweckhalle in Dossenbach erinnert an die Stelle, wo Herwegh mit seiner Frau Emma (Heinrich Heine beschrieb sie als: »Die Amazone mit der langen Nase ... Im schönen Auge blitzte die Ekstase!«) und ärmlichst bewaffneten Soldaten auf die gut ausgerüsteten Württemberger stießen. Da hieß es Sensen gegen Musketen. Klar, dass die sonst als tüchtige Krieger gefürchteten »Sensenmänner« keine Chance hatten. Einzig ihrem Anführer, dem Preußen Richard von Schimmelpfennig, soll es gelungen sein, einem Musketier ein paar Finger abzuhacken, bevor er durch einen Bajonettstich in den Mund fiel.

Die Herweghs folgten dem Beispiel ihrer Soldaten: Sie brachten sich in Sicherheit. Unterschlupf fanden sie bei einer Bauernfamilie im nahe gelegenen Karsau, um schließlich, als Magd und Knecht verkleidet, in die Schweiz zu fliehen.

Das ehemalige Schlachtfeld, direkt hinter dem heutigen Kindergarten, bietet einen wundervollen Blick über das ganze Dorf mit seiner zentral gelegenen Pelagius-Kirche. Bei der Kirche findet sich ein Stein, auf dem zehn der toten Revolutionäre gedacht wird. 30 sollen insgesamt gefallen sein, mehr als 300 wurden gefangen genommen. Viele kannte man nicht einmal beim Namen.

Festes Schuhwerk sollte man dabei haben, wenn man über die Wiesen auf den Spuren der Revolutionäre streifen möchte. Am besten macht man das im späten April, wenn die Kirschbäume blühen. Wie zur Schlacht von Dossenbach.

Adresse 79739 Schwörstadt-Dossenbach | **Anfahrt** von Schwörstadt über die K 6353 nach Dossenbach, im Ort links abbiegen in die Schopfheimer Straße, an deren Ende nach 100 Metern rechts und bergauf halten, die erste links und gleich wieder links in die Herwegh-Straße, parken an deren Ende an der Ortsverwaltung | **Tipp** Dossenbach ist ein Ortsteil von Schwörstadt, das über ein schönes Rheinschwimmbad verfügt.

SEEBACH

88 Der schwärzeste Ort im Schwarzwald

… oder der blauste?

Bei der Landtagswahl 2011 erzielte die CDU eine Schlappe. Nach fast 60 Jahren mussten die Schwarzen die Macht abgeben. Seither regiert Grün-Rot im Ländle. Dass Green-City, wie sich Freiburg selbst gern nennt, den Grünen mit 43 Prozent das beste Ergebnis bescherte, dürfte nur wenige überraschen. Dass aber die Gemeinde Seebach im Achertal die meisten CDU-Wähler im Schwarzwald mobilisieren konnte, wird wohl eher unbekannt sein. Von den knapp 1.500 Einwohnern des »Mummelseedorfs« gaben 744 einen gültigen Stimmzettel ab, 507 machten ihr Kreuzchen bei der CDU. Das sind 68,15 Prozent, was den Ort zum schwärzesten des Schwarzwalds macht. Dabei ist es in und um Seebach ziemlich grün. Der Luftkurort schmiegt sich mit einem kleinen Ortskern und zahlreichen Streusiedlungen in das Achertal. Bewaldete, steile Hänge und landwirtschaftliche Flächen erwarten den Gast.

Zwei Höhepunkte gibt es auf Seebacher Gemarkung: die Hornisgrinde, mit 1.164 Metern der höchste Berg des Nordschwarzwalds, und den sagenumwobenen Mummelsee. Mit 800 Metern Umfang ist er der größte, mit 17 Metern Tiefe der tiefste und mit 1.036 Metern Höhenlage der höchste der sieben Karseen im Schwarzwald. In Vorzeiten sollen »kindlich-fromme Seelen« am Ort des heutigen Sees in meditativer Askese gelebt haben. Eines Tages waren sie und ihr Heim verschwunden. Stattdessen fand man nur schwarzes Wasser. Aber die frommen Seelen taten weiter Gutes, bis man sie verärgerte.

Vom Mummelsee fließt übrigens das Seebächle, das dem schwärzesten Ort im Schwarzwald seinen Namen gab, hinab in die Acher. Wenn man die Produkte Seebachs genießen möchte, könnte man fast denken, dass es sich gleichzeitig auch um den blausten Ort handelt: 100 private Brennereien gibt es hier. Ein Grund, in Seebach den Wagen stehen zu lassen.

Adresse 77889 Seebach | **Anfahrt** A 5, Ausfahrt Achern, Richtung Schwarzwaldhochstraße (B 500), zum Mummelsee bis zur B 500 fahren und in Richtung Baden-Baden halten | **Info** Nur in zehn Gemeinden in ganz Baden-Württemberg holte die CDU übrigens ein besseres Ergebnis bei der Landtagswahl als im Mummelsee-Dorf. Spitzenreiter war Grundsheim im Donau-Alb-Kreis mit rekordverdächtigen 81,9 Prozent.

SIMONSWALD-WILDGUTACH

89_ Die Zweribachwasserfälle
Hoch, hoch hinaus

Die wilden Zweribachwasserfälle liegen mitten in einem der ältesten Naturwaldreservate in Deutschland und sind nur zu Fuß erreichbar. Mit dem Auto nähert man sich von Freiburg kommend durchs Simontäler Tal. Das bietet Bilderbuchtourismus live und in Farbe: blumengeschmückte Schwarzwaldhäuser zu beiden Seiten und einladende Gasthöfe mit heimeligen Terrassen entlang der Route zwischen den Flüssen Kinzig und Dreisam.

Ab Wildgutach muss man zu Fuß hinauf. Der erste Anstieg auf breitem Weg führt bis zum bewohnten Bruggerhof. Oberhalb kommt man richtig aus der Puste und findet jedes kleine Wasserfällchen auf dem Weg hinauf »auch schon schön genug«. Aber man will ja weiter zu den Zweribachwasserfällen, und die liegen in 800 Metern Höhe im Bannwald. An einem Ort verborgen, wo nicht einfach mit dem Bus vorgefahren werden kann, wie bei den Triberger Fällen.

Doch die Stadt Simonswald hat ein Einsehen mit ungeübten Wanderern. Kurz bevor man zum letzten Anstieg auf einem schmalen Pfad zum ersten, 15 Meter hohen Wasserfall gelangt, hat sie einen Grillplatz auf ein Plateau gebaut, der das Prädikat 1a verdient. Nur die kleine Kapelle am Eingang und ein paar Steinhaufen zeugen davon, dass hier mal mehr stand, als die heutige Touristenraststelle: der Brunnenhof. Man weiß nicht, was man großartiger finden soll: den wunderbaren Blick oder die ergonomisch geformte »Ruheliege«, von der aus man die Natur rundum betrachten kann.

Zu Atem gekommen schweift der Blick über den großzügigen Wiesenplatz mit Steingrillstelle und kleiner Hütte. Neben der geht es weiter über zahlreiche Wurzeln und noch mehr Steine, bis man es bald rauschen hört. Und wenn man über einen großen Felsweg hingeklettert ist, direkt vor die in drei Kaskaden wild hinabrauschenden Wasserfälle, dann fühlt man sich auch ein klein bisschen wild. Wer es bis ganz oben schafft, findet auf der Hochfläche den Plattensee, der als Stausee der Stromerzeugung dient.

Adresse 79263 Simonswald-Wildgutach | **Anfahrt** Von Wildgutach aus fährt man etwa 3 Kilometer den sehr schmalen Zweribachweg bis zum Waldparkplatz. | **Tipp** Eine alternative, deutlich weniger anstrengende Route kann man vom Bergplateau aus nehmen. Man parkt etwa beim Restaurant Plattenhof (Platte 3 in St. Peter) und ist in wenigen Gehminuten an den oberen Wasserfällen.

STAUFEN

90 Die zerrissene Stadt
… in der schon Goethes Faust ums Leben kam

Die Idee war gut, das Ergebnis verheerend. Erdwärme war das Zauberwort, mit dem sich das Städtchen Staufen einen Imagegewinn durch die Nutzung innovativer Energien und Kosteneinsparungen erhoffte. Eine Spezialfirma begann im Jahr 2007 zu bohren, doch schließlich stieß man auf eine Gips-Keuper-Schicht, die unter der »Fauststadt« liegt. Wasser drang ein, der Gips quoll. Pro Monat hob sich der Boden um bis zu einen Zentimeter. Mittlerweile hat Staufen als die »Rissestadt« traurige Berühmtheit erlangt. Die Schäden der historischen, denkmalgeschützten Altstadt gehen in zweistellige Millionenhöhe. 262 Häuser in Privatbesitz und sieben städtische sind betroffen. Teilweise sind die Spalten viele Zentimeter breit. Die roten Aufkleber, die wie Pflaster über den Rissen kleben, dienen aber nicht dem Zusammenhalt der Bausubstanz, sondern dem der Bürger. Die versuchen nämlich, zusammen mit der Stadt, die Schäden von irgendeiner Seite erstattet zu bekommen. Die Landesregierung hat Hilfen zugesagt.

»Der Krug geht so lange zum Brunnen, bis er bricht«, ist seither ein oft gesagtes Sprichwort in Staufen. Und der Krug ist auch zum Symbol der Rissestadt geworden, mit dem die Stiftung für den Erhalt der historischen Altstadt versucht, an die Solidarität zu appellieren.

Dabei ist Staufen eine der schönsten Städte im Breisgau, verwöhnt von der Sonne und gesegnet mit dem historischen Erbe, dass der echte Dr. Faustus hier gestorben sein soll, als er versuchte, Gold herzustellen. Auf der ebenfalls von Rissen durchzogenen Fassade des Gasthofs »Löwen« findet sich eine Aufschrift, in der spekuliert wird, einer der obersten Teufel, Mephistopheles, habe die Seele des Alchemisten geholt.

Staufen steckt zudem voller Kultur, etwa im Auerbachs Kellertheater oder bei den Stadtgeschichten, bei denen meist mehr als 500 Staufener in historischen Kostümen die Stadt bevölkern.

Staufen darf nicht zerbrechen!

Adresse 79219 Staufen | **Anfahrt** A 5, Ausfahrt Bad Krozingen/Staufen, Parkplätze an der Straße Am Schließrain | **Öffnungszeiten** Regelmäßige Stadtführungen finden von April bis Okt. jeweils mittwochs um 16.30 Uhr ab der Tourist-Information im Rathaus am Marktplatz statt. | **Tipp** Unter dem Motto »Kultur und Genuss« wird man während einer Stadtführung durch das historische Müllheim unterwegs mit Confiserieschokolade, einem Vesper und Markgräfler Weinen verköstigt. Sie findet von Mai bis Oktober alle zwei Wochen montags statt. Anmeldung bei der Tourist-Information (Wilhelmstraße 14, Tel. 07631/801502).

ST. BLASIEN

91 Der Dom
Weißer Marmor im schwarzen Wald

Es ist ein atemberaubender Anblick, wenn die riesige Kuppel mitten im Wald aufzutauchen scheint. In St. Blasien im Südschwarzwald steht ein mächtiger Dom mit der drittgrößten Kuppel Europas. Man fragt sich sofort, warum fernab von Metropolen solch ein imposanter Kirchenbau entstand. Verständlich wird dies aus der Geschichte des Ortes. Allein bis zur Erbauungszeit des Doms blickt St. Blasien auf eine 1.000-jährige Klostertradition zurück. Im Laufe der Jahrhunderte nahmen Einfluss und Grundbesitz der Mönche stetig zu, obwohl die Anlage immer wieder der Zerstörung durch Feuer ausgesetzt war. So auch in der Amtszeit von Fürstabt Martin Gerbert. Im Jahr 1768 wurden Kirche und Abtei der aus dem 18. Jahrhundert stammenden Barockanlage völlig vernichtet. Der mächtige Abt setzte noch einmal zu einer bemerkenswerten Bauaktion an. In nur elf Jahren Bauzeit ließ er, inspiriert vom antiken Vorbild des Pantheons, diese allein durch ihre Architektur und in ihrer Schlichtheit überwältigende Kuppelkirche erschaffen. Für den Orgelbau konnte er den großen Orgelbaumeister Gottfried Silbermann gewinnen.

Im Zuge der Aufklärung schloss der neue Besitzer, Kurfürst Karl Friedrich, das Kloster und plünderte die Kirche. Die Orgel ließ man drei Jahre in einer Scheune liegen, bevor sie nur in Teilen wieder in der Karlsruher Stiftskirche aufgestellt wurde. 1944 wurde auch dieser Orgelteil durch Brand zerstört.

Und über noch ein Feuer gilt es zu berichten: Nach einem Großbrand im Jahr 1977, bei dem der Dom mit Mühe und Not gerettet werden konnte, wurde die Klosteranlage umfassend saniert. Bei der Instandsetzung orientierte man sich an den Plänen von Fürstabt Gerbert. Heute hat der mächtige Dom offiziell die schlichte Funktion einer Pfarrkirche. Die weitläufige Klosteranlage beherbergt zwei exquisite Konzertreihen: die Domkonzerte und die Klosterkonzerte im Festsaal des Kollegs.

Adresse Fürstabt-Gerbert-Straße, 79837 St. Blasien | **Anfahrt** in der Nähe des südlichen B 500-Abschnittes, in Häusern abbiegen auf die L 149 | **Öffnungszeiten** Zur Winterzeit 8.30 bis 17 Uhr, zur Sommerzeit 8 bis 18.30 Uhr | **Tipp** Zahlreiche Skulpturen können im Stadtgebiet besichtigt werden, die während der regelmäßig in St. Blasien stattfindenden Bildhauersymposien in Freiluftateliers und unter Beobachtung von Zuschauern entstanden sind.

92 Die Urangrube und die Fürstenmaler

Tourismus siegt über Bodenschätze

Wer hätte gedacht, dass Deutschlands größtes Uranvorkommen ausgerechnet im Schwarzwald vor sich hin schlummert. Nachdem man in den 1950er Jahren das Vorkommen gefunden hatte, begann eine Firma mit einem Probeabbau, der mit längeren Pausen bis 1991 währte. Die Gemeinde hatte entschieden, die Weichen für die Zukunft in Richtung Tourismus zu stellen. Die schon in den 1980ern beantragte Konzession zum Uranabbau im großen Stil wurde nicht gegeben. Heute liegen vier Meter Erdreich über dem ganzen Abbaugebiet. Strahlung dringt kaum bis an die Oberfläche – wahrscheinlich weniger als zuvor.

Der Weg für den Tourismus war also frei. Menzenschwand, ein Ortsteil von St. Blasien, hat da einiges zu bieten. Und das hat zumindest teilweise mit den Uranvorkommen zu tun. Radon, ein Zerfallsprodukt des Uran, ist ein natürliches radioaktives Edelgas, das überall in der Erdrinde und der Luft enthalten ist. Ist Quellwasser von viel Radongas umgeben, kann das Wasser ebenfalls radonhaltig und damit heilwirkend werden – so wie beim Martinsbrunnen in Menzenschwand. Das moderne Radonbad nutzen auch die Skisportler, die im Winter einfallen, um die schönen Loipen und Abfahrten zu nutzen. Und wenn man etwas Kultur möchte, geht man ins Winterhalter-Museum, genauer: den im Spätbiedermeierstil eingerichteten Le Petit Salon Winterhalter.

Die beiden Winterhalter-Brüder Franz Xaver (1805 – 1873) und Hermann (1808 – 1891) wuchsen in Menzenschwand auf und avancierten zu den bedeutendsten Porträtmalern des 19. Jahrhunderts. Ein Zeitgenosse hat Franz Xaver 1857 als *den* Hofmaler Europas bezeichnet. Tatsächlich verzichtete kaum ein bedeutender Aristokrat auf seinen kunstfertigen Pinselschwung, auch nicht Kaiserin Sissi, deren bekanntestes Porträt von ihm stammt.

Adresse Le Petit Salon Winterhalter: im Rathaus Menzenschwand, Hinterdorfstraße 15, 79837 St. Blasien-Menzenschwand | **Anfahrt** von St. Blasien über die L 149 Richtung Bernau, vor Bernau rechts auf die L 146 nach Menzenschwand abbiegen | **Öffnungszeiten** Mi, Sa, So, feiertags 14.30 – 17 Uhr | **Tipp** In Menzenschwand kann man aktiv sein: Es gibt ein Skisprungstadion mit zwei Schanzen, drei Lifte in Ortslage (einer gebührenfrei) und fünf auf dem Feldberg sowie das größte Nordic-Walking-Netz in Deutschland.

93 — Der Bahnhof
Der Höhepunkt der Schwarzwaldbahn mit 39 Tunneln

Eigentlich ist der Bahnhof von St. Georgen gar nicht so schön. 1873 wurde er erbaut, die Fassade des alten Hauptgebäudes ist mit dunkelgrünen Holzschindeln abgedeckt, die ihre beste Zeit hinter sich haben, die weiße Farbe an Fensterrahmen und -läden ist teilweise vollkommen abgeblättert. Dass er in den 1970er Jahren renoviert wurde, stellt man auch an dem Dach über dem ersten Bahnsteig fest, das rein gar nicht zu der sonstigen Architektur passen mag. Ein Bahnhof eben.

Und doch besitzt er seine eigene Geschichte, die mit dem Aufstieg St. Georgens fest verbunden ist. Der Bahnhof St. Georgen ist der höchstgelegene der Badischen Schwarzwaldbahn, einer Strecke, die über 150 Kilometer Länge von Offenburg nach Singen 650 Höhenmeter überwindet und 39 Tunnel durchquert. Beachtenswert ist der 40 Kilometer lange Aufstieg von Hausach nach Sankt Georgen. Hier überwinden die heute hauptsächlich eingesetzten Regional-Express- und Interregio-Expresszüge einen Höhenunterschied von mehr als 564 Metern. Beide Orte liegen in Luftlinie eigentlich nur 21 Kilometer auseinander, die Schwarzwaldbahn muss aber 38 Kilometer zurücklegen. Es war die erste Eisenbahnstrecke im Gebirge, die durch Kehren künstlich verlängert wurde, damit die Steigung nicht zu steil wurde.

Erbaut wurde die Schwarzwaldbahn zwischen 1863 und 1873. Bis heute ist sie die einzige zweigleisige Gebirgsbahn in Deutschland und die wichtigste Bahnlinie durch den Schwarzwald. Für St. Georgen öffneten sich mit dem Bahnhof neue Horizonte, weil die örtliche Industrie und der Tourismus aufblühen konnten.

St. Georgens Ursprung geht auf ein Benediktinerkloster zurück, das im 11. Jahrhundert gegründet und nach seiner Zerstörung im Dreißigjährigen Krieg nicht wieder errichtet wurde. Das Kloster spielt aber auch heute noch eine wichtige Rolle und scheint so allgegenwärtig wie die Kuckucksuhren aus eigener Produktion.

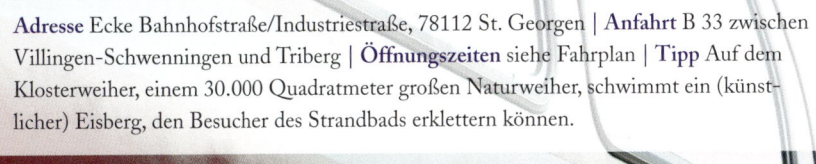

Adresse Ecke Bahnhofstraße/Industriestraße, 78112 St. Georgen | **Anfahrt** B 33 zwischen Villingen-Schwenningen und Triberg | **Öffnungszeiten** siehe Fahrplan | **Tipp** Auf dem Klosterweiher, einem 30.000 Quadratmeter großen Naturweiher, schwimmt ein (künstlicher) Eisberg, den Besucher des Strandbads erklettern können.

ST. MÄRGEN

94 Die Schwarzwälder Füchse
Hoch zu Ross

Gutmütig musste es sein, wenig Anspruch an Stall und Futter stellen und möglichst lang seine Arbeit tun. Für das »Wälder Pferd« war das Leben im Schwarzwald genauso wenig Zuckerschlecken wie für seine Besitzer. Schwere Lasten und Holz aus den unwegsamen Waldhängen zog das Kaltblut über die Berge. Seit dem Mittelalter soll es die Rasse im Südschwarzwald geben. Im Zuge der Motorisierung verschwand sie fast vollständig.

Dass diese kleinen Kraftbolzen sich wieder größerer Beliebtheit erfreuen, liegt nicht nur an ihren inneren Werten. Natürlich gibt es Leistungsprüfungen. Dreh- und Angelpunkt der Veranstaltungen bildet die Stadt St. Märgen im Hochschwarzwald, die auch Sitz der 1896 gegründeten »Schwarzwälder Pferdezuchtgenossenschaft« ist. Die Pferde müssen sich vor der Kutsche und als Zugpferde beweisen. Die eigentliche Zugleistungsprüfung findet im September statt. Das Bäumerücken ist immer wieder eine Attraktion bei der Verbandspferdeschau jedes Jahr im Oktober. Die Züchter stellen ihre Hengste zur Körung vor, und der anschließende Pferdemarkt hat Volksfestcharakter.

Die große Feier rund um die Schwarzwälder Füchse findet in St. Märgen alle drei Jahre statt. Trachten- und Musikgruppen unterstützen dieses besondere Fest. Touristen können auch ohne großen Pferdesachverstand einfach Spaß an den Darbietungen haben. Denn der Höhepunkt des traditionellen »Rossfestes« ist der große Festumzug durch die Stadt. Züchter und Bauern putzen ihre Füchse fein heraus und präsentieren sie unter dem Sattel oder vor dem Wagen im Festzug.

Warum diese Rasse immer mehr Fans gewinnt, liegt auch an ihrem Aussehen: Sie erinnert an eine dicke, tiefbraune Schokopraline mit Mandelkern. Ihre wunderschöne dunkelbraune Fellfarbe gepaart mit weißem Schweif und prächtiger weißer Mähne macht diese alte Kaltblutrasse heute attraktiv für viele Freizeitreiter.

Adresse 79274 St. Märgen | **Anfahrt** von Freiburg über die B 31, nach Kirchzarten auf die L 128 nach St. Märgen | **Tipp** Einen der schönsten Ausblicke in Richtung St. Märgen hat man von der Rankmühle (Am Landfeldweg), die beliebtes Ziel für einen Spaziergang ist. Die Mühle ist allerdings in privater Hand und kann nur von außen besichtigt werden.

ST. PETER

95 — Der Beckesepp
Schwarzwälder Kirschkuchen in der Dose

Was wurde in Baden-Württemberg nicht alles schon erfunden: Streichhölzer, Dübel, Dauerwellen, Luftschiffe, Spätzlepressen und natürlich der Benzinmotor. Seit Jahren liefern sich hiesige Ideenschmieden mit den Bayern ein Kopf-an-Kopf-Rennen, wobei Baden-Württemberg die letzten Male bundesweit vorn lag.

St. Peter im Hochschwarzwald ist bekannt für seine Barockkirche und die ehemalige Benediktinerabtei. Nun gibt es auch in dem schmucken 2.500-Seelen-Ort eine Erfindung, die in aller Munde ist. Bäckermeister Josef Ruf hat sie sich schützen lassen. Und viele werden sich seither geärgert haben, nicht auf eine so nahe liegende Idee gekommen zu sein. Als Erfinder muss man resistent sein gegen den eigenen Misserfolg bei der Entwicklung und die Miesmachereien anderer. Handwerklich etwas von der Materie zu verstehen nutzt auch, denn hier ging es um nicht weniger als ein Heiligtum der baden-württembergischen Kaffeetafel: die Schwarzwälder Kirschtorte.

Über den Ladentisch hinweg war die schon immer ein Renner. Nun sollte sie auch noch per Post losgeschickt werden, zum Beispiel zur heimwehgeplagten Schwester nach Amerika. Dabei durfte sie nicht zermatscht ankommen und sollte nach längerer Zeit noch schmecken. Die Verwandlung der Torte in einen Dosenkuchen dauerte rund ein Jahr und geriet, dem Schwarzwaldmädel auf der Dose sei Dank, zu einem Verkaufsschlager. Um den Ansturm zu bewältigen hat der »Beckesepp« mehr Leute eingestellt. Denn der Dosenkuchen soll weiterhin per Handarbeit im Schwarzwald hergestellt werden.

Um zu hohen Erwartungen vorzubeugen: Mit dem originalen Geschmackserlebnis eines frischen Kirschkuchens oder gar einer Schwarzwälder Kirschtorte hat der Doseninhalt nicht allzu viel zu tun. Es bleibt mehr ein Souvenir-Gag als eine kulinarische Köstlichkeit. Da hilft auch nicht der Tipp, den Kuchen mit Puderzucker zu bestreuen und mit Sahne zu garnieren.

Adresse 79271 St. Peter | **Anfahrt** A 5, Ausfahrt Freiburg-Nord, über Glottertal nach St. Peter | **Tipp** Das ehemalige Benediktinerkloster (Am Klosterhof) gehört mit Barockkirche, Fürstensaal und Rokoko-Bibliothek zu den prächtigsten Zeugnissen barocker Baukunst im süddeutschen Raum. Die barocke Pfarrkirche kann stets besichtigt werden, das ehemalige Kloster nur zu Führungen (dienstags 11 Uhr, donnerstags 14.30 Uhr und sonn- und feiertags ab 11.30 Uhr).

STRENG GEHEIM

96 — Der Pilzplatz
… den niemand verraten wird

Würzige Pfifferlinge, milde Butterpilze oder der königliche Steinpilz. Die ausgedehnten Wälder der Region haben für Pilzliebhaber, deren Leidenschaft über Champignons aus der Dose hinausgeht, einiges zu bieten. Wenn Sie zwischen Juli und November im Schwarzwald spazieren, stehen die Chancen gut, auf Sammler zu treffen, die man an ihrem Korb leicht erkennt. Man wird Ihnen gern die Beute zeigen, Nachfragen über den Fundort aber ausweichend beantworten. Zwar schießen die Pilze sprichwörtlich aus dem Boden, dennoch hütet sich jeder Sammler, »seinen« Pilzplatz preiszugeben.

Dabei fürchtet der Pilzfreund weniger die Anfänger als die professionellen Sammler, die von Restaurants ausgeschickt werden oder auf eigene Faust Geld machen wollen. Gerade in der Grenzregion zur Schweiz finden sich im Frühherbst viele Autos mit schweizerischen Kennzeichen auf den Waldparkplätzen. Ist Staub auf den Scheiben, schreiben verärgerte einheimische Pilzsammler schon mal mit den Fingern »Pilzdieb!« darauf. Der Grund für die harsche Reaktion liegt darin begründet, dass die Sammelprofis gern über die baden-württembergische Richtlinie hinweggehen, dass pro Person und Tag nur ein Kilo Pilze aus dem Wald geholt werden darf. Der Zoll kontrolliert das. Neben einer saftigen Strafe müssen die Schmuggler auch die überzählige Ware auf deutscher Seite zurücklassen.

Ob für Anfänger oder echte Pilzkenner, Bestimmungslehrgänge und gemeinsame Sammeltouren, oft von Volkshochschulen angeboten, lohnen sich auf jeden Fall. In Hornberg gibt es zudem die »Schwarzwälder Pilzlehrschau«, die nach eigenen Angaben »älteste, einzigartige Schule für Pilzkunde und Naturschutz«, die bei Pilzkundlern hoch im Kurs steht. Sogar Pilzsachverständige lassen sich dort fortbilden. Aber auch Anfänger finden hier ihren Kurs – bevor sie sich später zu Hause auf die Suche nach ihrem eigenen »geheimen« Schwarzwaldort machen.

Adresse bleibt streng geheim, die Schwarzwälder Pilzlehrschau findet sich aber in der Werderstraße 17, 78132 Hornberg | **Anfahrt** B 33, Ausfahrt nach Hornberg | **Öffnungszeiten** kostenlose Pilzberatung Juli – Okt. Sa 16 – 18 Uhr, Kursprogramm unter www.pilzzentrum.de | **Tipp** Wenn Sie selbst Pilze sammeln wollen, sich aber nicht auskennen, sollten Sie vorsichtig sein. Vor dem Genuss eines Pilzes fragen Sie am besten einen Spezialisten. Die hier abgebildeten, giftigen Fliegenpilze sollten Sie aber auf alle Fälle stehen lassen.

TITISEE-NEUSTADT

97 — Die Gutachtalbrücke
Die höchste Brücke des Schwarzwalds

Oktober 2010: Zwei Lkw treffen sich nachts auf der B 31 mitten auf der Gutachtalbrücke, der höchsten Brücke des Schwarzwalds. Die Fahrbahn ist eisglatt, die beiden Laster stoßen zusammen, und einer durchbricht das Geländer. Der österreichische Fahrer hat Glück im Unglück. Die Räder der Vorderachse bleiben gerade noch auf der Kante der Brücke stehen, die Brüstung und das darin befindliche Sicherheitsseil haben dem Brummi gerade noch genug Schwung genommen. Der Fahrer kann im Dunkeln aus dem Führerhaus klettern, das sich zu der Zeit rund 60 Meter über dem Abgrund befindet, und bringt sich in Sicherheit.

Dieser spektakuläre Unfall ist natürlich nicht repräsentativ für die Gutachtalbrücke bei Titisee-Neustadt, die jeden Tag von Tausenden von Autofahrern überquert wird und im Sommer eine der wichtigsten Routen im Schwarzwald für Touristen ist.

Die 750 Meter lange Brücke ist an ihrer höchsten Stelle 97 Meter über dem Grund des Gutachtals, wo die Gutach als Bach verläuft. Schon 1958 war die Brücke im Gespräch, um Neustadt verkehrsmäßig zu entlasten, aber erst 20 Jahre später wurde der Entschluss gefasst, die Brücke zu erbauen. Mit dem Einsatz unzähliger Arbeitsstunden, 18.500 Kubikmetern Beton, 1.870 Tonnen Betonstahl und 435 Tonnen Spannstahl wurde das »Betonmonster«, wie es gern genannt wurde, 1980 fertiggestellt.

Alle sechs Jahre findet eine sogenannte Hauptprüfung statt, um zu gewährleisten, dass sich das Bauwerk in einem verkehrssicheren Zustand befindet. Dafür wird ein Untersichtgerät in die Brückenbrüstung eingehängt, das aussieht wie ein L. Die Ingenieure können so fast 100 Meter über dem Boden unter die Brücke klettern, wo sie nach Rissen im Beton Ausschau halten. Die letzte Hauptprüfung fand 2011 statt. Das Ergebnis des Prüfberichts war beruhigend: Auch 30 Jahre nach dem Bau der Gutachtalbrücke befindet sie sich in einem guten Zustand.

Adresse 79822 Titisee-Neustadt | **Anfahrt** B 31 Richtung Löffingen | **Tipp** Auch im Sommer ist die olympische Skisprungschanze »Hochfirstschanze« in der Schützenstraße von Neustadt einen Aufstieg wert.

98 — Neustadt in Gelb
Hello Yellow!

Wenn Albi Meier König von Titisee-Neustadt wäre, hätte sich der Stadtteil Neustadt komplett vom hässlichen Entlein zum Quietscheentchen gewandelt. Denn Albi Meier hat sein Herz an Neustadt verloren und wollte es nicht länger im Schatten seiner attraktiven Schwester Titisee wissen. Da kam dem Landschafts- und Uhrenschildmaler, der seit 35 Jahren in dem etwas missachteten Ortsteil wohnt, die Idee, deretwegen ihn viele erst einmal für verrückt hielten: Alle Häuser sollten in Gelb erstrahlen, in genau drei Gelbtönen. Diese Vorstellung verbanden nicht alle Anwohner mit Goethes Farbphilosophie: »Das Auge wird erfreut, das Herz ausgedehnt, das Gemüt erheitert.« Schließlich steht Gelb im Volksempfinden auch für Neid und Missgunst. Aber ein Dialog unter den Bürgern kam in Gang, der Stadtteil überregional in die Presse und eine professionelle Farbfirma zu Hilfe. Die entwickelte eine breite Farbpalette mit 20 Farbtönen für verschiedene Fassadengeschmäcker. So kommen neben dem strahlenden Gelb auch sanfte, fast weiße Töne zu ihrem Recht. Das Angebot dieser Farbauswahl wird mittlerweile im Handel unter »Neustädter Gelb« vertrieben.

Trotzdem möchte nicht jeder Neustädter sein Haus umstreichen. Albi Meier, die Initiative »Hello Yellow« und der Bürgermeister jedoch sähen am liebsten alle Gebäude gelb. Die Motive hierfür sind so unterschiedlich wie die Vorstellung vom Farbton selbst: wegen der positiven Schwingung, der Fernwirkung, der Belebung von Tourismus und Handel. Alle haben ihre Gründe, im Städtchen etwas voranzutreiben.

Immerhin gelingt es, die Kampagne seit Jahren lebendig zu erhalten. Um jedes neu zu bauende oder frisch zu renovierende Haus wird geworben, und die gelben Anstriche mehren sich. Es müssen nicht immer große Fassaden sein. Auch Menschen, die ihr Garagentor oder den Balkon gelb anpinseln, lassen die Sonne in den Herzen der Initiatoren scheinen.

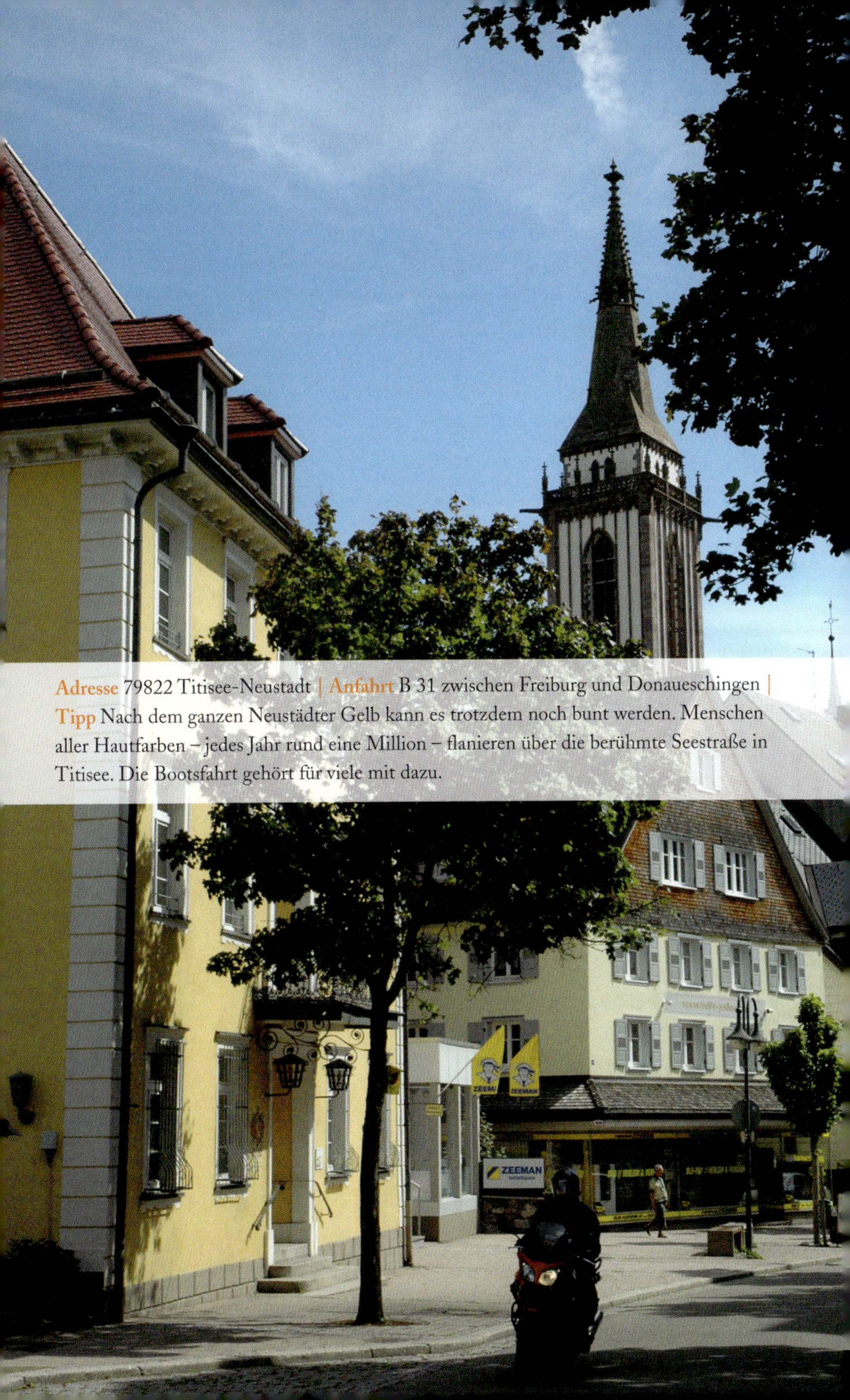

Adresse 79822 Titisee-Neustadt | **Anfahrt** B 31 zwischen Freiburg und Donaueschingen | **Tipp** Nach dem ganzen Neustädter Gelb kann es trotzdem noch bunt werden. Menschen aller Hautfarben – jedes Jahr rund eine Million – flanieren über die berühmte Seestraße in Titisee. Die Bootsfahrt gehört für viele mit dazu.

TODTMOOS

99 — Die Wallfahrtskirche
Alles für den Tourismus

Ein abgeschlagener Baum soll der Überlieferung nach Ursprung der Gemeinde Todtmoos gewesen sein. Todtmoos leitet sich ab von »Totes Moos«. Giftige Dämpfe sollen dort Menschen und Vieh bedroht haben. Nachdem aber die Jungfrau Maria dem Priester Dietrich von Rickenbach erschienen ist, war endlich klar, woher die tödlichen Dämpfe kamen: Maria empfahl dem Gottesmann, einen Baum auf dem Schönbühl zu schlagen. Das tat er 1255 auch und erbaute an der Stelle gleich noch eine Kapelle, die bereits im 15. Jahrhundert die ersten »Touristen« nach Todtmoos lockte. Damals hing der Todeshauch der Pest in der Luft Freiburgs und Basels, und man erhoffte sich ein Wunder gegen diese Krankheit, die ebenfalls »tödlichen Dämpfen« zugeschrieben wurde. 1439 sollen in einer einzigen Wallfahrt 1.000 Basler gekommen sein. Die waren natürlich auch zu verpflegen und unterzubringen, sodass Todtmoos seither Spezialist in Sachen Dienstleistung ist.

Die heutige Kirche auf dem Schönbühl entstand zwischen 1625 und 1632 und wurde im 18. Jahrhundert barock umgebaut. Auch heute noch zieht sie viele Wallfahrer und vor allem Touristen an. Besonders von Letzteren lebt der heilklimatische Kurort hauptsächlich, der seinen Gästen allerdings auch viel zu bieten hat, im Sommer wie im Winter. Neben zahlreichen Wanderwegen und Wintersportmöglichkeiten bieten die Todtmooser ein umfangreiches Gastronomieangebot und einiges an Sehenswürdigkeiten, etwa viele alte, gut erhaltene Schwarzwaldhäuser.

Eine herausragende Winterattraktion ist das Internationale Schlittenhunderennen, das seit 1975 immer am letzten Januarwochenende stattfindet. In normalen Jahren gehen um die 120 Gespanne mit 800 Hunden an den Start. In außergewöhnlichen Jahren, etwa zur Weltmeisterschaft 2003, wird es an der Rennstrecke noch voller: 329 Musher, also Schlittenhundeführer, spannten 2.500 Hunde an. Den eigenen Hund darf man übrigens auch mitbringen.

Adresse Wallfahrtskirche Unserer Lieben Frau, Forsthausstraße, 79682 Todtmoos | **Anfahrt** Der schönste Weg nach Todtmoos führt durch das Wehratal (von Wehr aus über die L 148). | **Öffnungszeiten** tagsüber geöffnet | **Tipp** Wer selbst einmal mit dem Hundeschlitten fahren möchte, kann dies bei einem der Musher-Kurse ausprobieren, die allerdings nicht jedes Jahr stattfinden. Auch im nahe gelegenen Bernau gibt es ein jährliches Rennen.

TODTNAU

100 — Der Notschrei
Wer laut brüllt, bekommt die schönste Straße

Das waren noch Zeiten, in denen ein nicht umgesetztes Straßenbauprojekt zum Aufstand der Massen führte. Selbst heute kommt es einem so vor, als ginge es nicht wirklich irgendwohin, wenn man auf der Passhöhe zwischen Dreisamtal und oberem Wiesental staunend vor einem markanten Obelisken mit ausladender Inschrift steht. Dieser ehrt auf einer Seite, gerade mit genug Worten, um nicht despektierlich zu erscheinen, den Großherzog Leopold. Auf der anderen Seite wird dafür umso ausführlicher der weite Weg zum Bau der Passstraße beschrieben – und der damit verbundenen Anbindung ins reiche Freiburg und der Hoffnung auf ein besseres Leben.

Doch warum trägt rund 300 Jahre später alles in diesem Landstrich, angefangen vom Skilift über Hotelanlagen bis hin zur Bergkette selbst, den Namen »Notschrei«? Man könnte meinen, hier wären besonders häufig arme Wanderer vom beschwerlichen Saumpfad gestürzt und hätten dabei einen letzten Schrei gelassen. Der Schrei um Hilfe kam damals hingegen aus den vielen Kehlen der Bauern und Dorfbewohner, die hoch oben im Südschwarzwald wohnten, und währte von der ersten Petition 1819 rund 30 Jahre lang. So lange nämlich blieben Ohren und Geldbeutel der Obrigkeit verschlossen.

Bewegung in die Sache mit der Straße ins Glück kam aber erst, als die Wiesentaler das Warten leid waren und drohten, sich der Badischen Revolution anzuschließen. Ein unbekannter Dichter fasste es so zusammen:

Und ein »Notschrei« einstens schallt'
Zur Regierung, zur Behörde,
dass gen Freiburgs Höh' der Wald
Dem Verkehr erschlossen werde,
dass von Todtnau eine Straße,
hin nach Freiburg möge gehen
»Längs des Schwarzwalds höchstem Passe!«

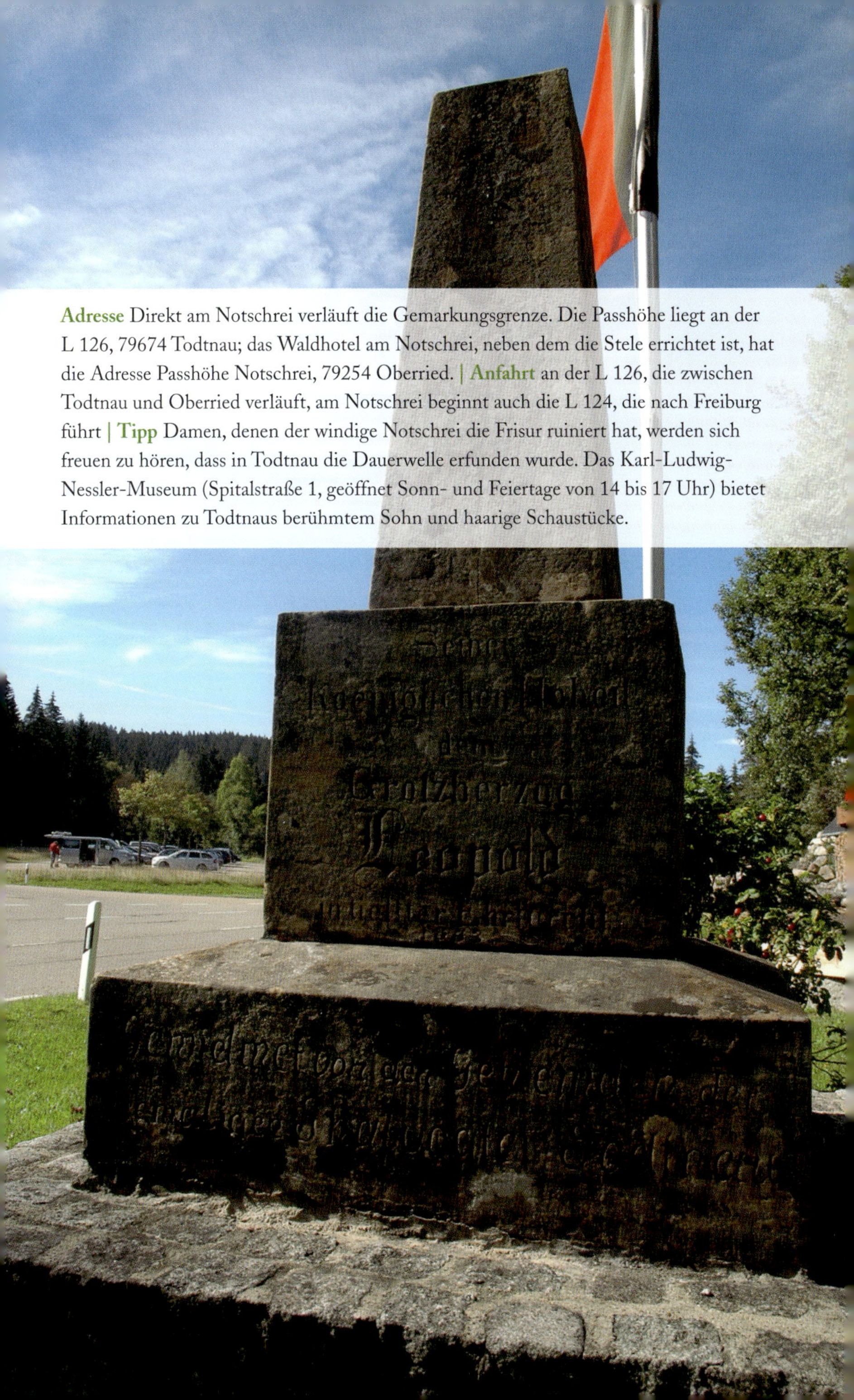

Adresse Direkt am Notschrei verläuft die Gemarkungsgrenze. Die Passhöhe liegt an der L 126, 79674 Todtnau; das Waldhotel am Notschrei, neben dem die Stele errichtet ist, hat die Adresse Passhöhe Notschrei, 79254 Oberried. | **Anfahrt** an der L 126, die zwischen Todtnau und Oberried verläuft, am Notschrei beginnt auch die L 124, die nach Freiburg führt | **Tipp** Damen, denen der windige Notschrei die Frisur ruiniert hat, werden sich freuen zu hören, dass in Todtnau die Dauerwelle erfunden wurde. Das Karl-Ludwig-Nessler-Museum (Spitalstraße 1, geöffnet Sonn- und Feiertage von 14 bis 17 Uhr) bietet Informationen zu Todtnaus berühmtem Sohn und haarige Schaustücke.

TRIBERG

101 Die größte Kuckucksuhr der Welt

Achtung! Ein Mordsvogel!

Schon an den Ortsgrenzen Tribergs erwarten den Besucher die ersten Hinweise: »Worlds largest Cockoo-Clock« oder »Größte Kuckucksuhr der Welt«. Das Problem: Die Wegweiser zeigen in unterschiedliche Richtungen. Überall scheinen Kuckucksuhren zu sein. Die Superlative überschlagen sich.

Triberg ist unzweifelhaft der Standort der höchsten Wasserfälle Deutschlands. 163 Meter stürzt sich die Gutach in sieben Fallstufen ins Tal. Von der Innenstadt sind es nur wenige Gehminuten bis zum Eingang des Naturschauspiels, das man ganzjährig und dank Beleuchtung auch bis 22 Uhr genießen kann. Jedes Jahr strömen rund 400.000 Besucher zu den Wasserfällen. Und die kommen auch um die Kuckucksuhren nicht herum. Eine davon wurde vom Guinness-Buch der Rekorde aufgenommen. Sie steht in Triberg-Schonachbach als Teil des »Eble Uhren-Parks«. Allein der Kuckuck ist mit einer Länge von 4,50 Metern und einem Gewicht von 150 Kilo der King Kong unter den Vögeln. Die Kuckucksuhr ist begehbar, sodass auch das sechs Tonnen schwere Uhrwerk besichtigt werden kann.

In Triberg-Gremmelsbach hat das »Haus der 1.000 Uhren« eine acht Meter große geschnitzte Kuckucksuhr vor das Geschäft gestellt. Aber auch die anderen Standorte des 1.000-Uhren-Hauses haben ihre Besonderheiten. Der in der Innenstadt etwa präsentiert eine per Uhrwerk angetriebene Bärenfamilie, die Tribärs.

Dass Kuckucksuhren touristische Magneten sind, sieht man daran, dass auch zahlreiche andere Orte mit ihren ornithologischen Besonderheiten werben. Sugarcreek in den USA, der Ort, der sich als die »kleine Schweiz von Ohio« bezeichnet, spricht bei seiner Kuckucksuhr auch von der größten der Welt. Wie wohl viele andere Orte auch. In Schonach gibt es die »1. weltgrößte Kuckucksuhr«, in Hornberg die »breiteste Kuckucksuhr der Welt«.

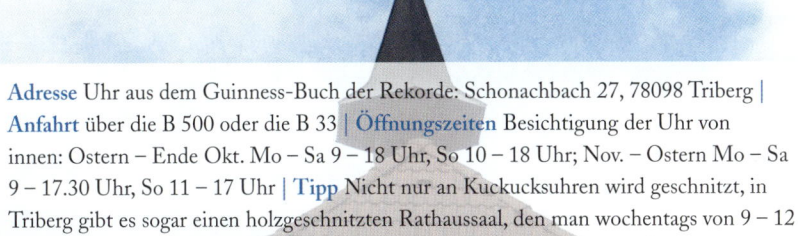

Adresse Uhr aus dem Guinness-Buch der Rekorde: Schonachbach 27, 78098 Triberg | **Anfahrt** über die B 500 oder die B 33 | **Öffnungszeiten** Besichtigung der Uhr von innen: Ostern – Ende Okt. Mo – Sa 9 – 18 Uhr, So 10 – 18 Uhr; Nov. – Ostern Mo – Sa 9 – 17.30 Uhr, So 11 – 17 Uhr | **Tipp** Nicht nur an Kuckucksuhren wird geschnitzt, in Triberg gibt es sogar einen holzgeschnitzten Rathaussaal, den man wochentags von 9 – 12 und von 14 – 16 Uhr kostenlos besichtigen kann (Freitags nur bis 12 Uhr).

102 Treppenwinkel im Kloster Riedern

Ein Eckchen für die Kultur

Einmal den George Clooney der katholischen Kirche treffen, so ganz zufällig und privat. Solche unlauteren Lockmethoden hat das Dorf Riedern am Wald aus der »Vier-Täler-Gemeinde« Ühlingen-Birkendorf gar nicht nötig. Obwohl, hin und wieder soll er auf Urlaub in sein Heimatdorf kommen. Ob Georg Gänswein, seines Zeichens Privatsekretär Papst Benedikts und Frauenschwarm, dann in der alten Klosteranlage St. Leodegar umherstreift, gilt als fragwürdig.

Sicher findet der Besucher hier einen ungewöhnlichen Veranstaltungsort. Aus praktischen Erwägungen habe man sich dazu entschlossen, etwas Kulturelles aufzuziehen: Das Pfarrhaus stand vorher 30 Jahre leer, und man wollte es wiederbeleben. Warum aber musste man in der riesigen alten Propstei mit anhängender reich ausgestatteter Barockkirche, die zudem eine 2009 restaurierte Walcker-Orgel beherbergt, ausgerechnet in ein kleines Eckchen in einem barocken Treppenhaus ziehen? Ganz einfach: wegen der hervorragenden Akustik und der besonderen Atmosphäre.

Die Kunstschaffenden stehen in einem kleinen Winkel am Fuße der Treppen. Immerhin passt so gerade noch ein Klavier hinein. Die Zuschauer sitzen oben auf Podesten entlang der Empore, die schnell gefüllt ist. Ein paar Besucher finden noch auf den Treppenstufen Platz. Die Stimmung ist prächtig, das Publikum ganz nah am Künstler.

Genauso klein wie der Winkel ist die Kulturreihe leider selbst: Nur viermal im Jahr besteht die Möglichkeit, klassischer Musik oder Lesungen an diesem ungewöhnlichen Ort zu lauschen. Die Veranstaltungen werden ehrenamtlich organisiert. An eine Aufstockung der Aktivitäten ist da nicht zu denken. Da dies auch für die Führungen zutrifft, ist von Spontanbesuchen abzuraten. Nach Terminvereinbarung wird der Besucher gern durch Museum und Klosteranlage geführt. Und wer weiß – vielleicht ist Georg Gänswein auch gerade da …

Adresse Propsteistraße, 79777 Ühlingen-Birkendorf-Riedern am Wald | **Anfahrt** von Waldshut-Tiengen über die L 161, die in Gurtweil zur L 157 wird, dieser folgen bis kurz vor Ühlingen-Birkendorf, dann links nach Riedern am Wald | **Öffnungszeiten** Eine Besichtigung des Museums ist nur mit Führung möglich. Führungen sind immer am 1. Sonntag im Monat um 14.30 Uhr. | **Tipp** Der Bannwald »Schwarzahalden« ist mit 276 Hektar eines der größten zusammenhängenden Bannwaldgebiete Deutschlands.

VILLINGEN-SCHWENNINGEN

103 Der Magdalenenberg
Kelten, Hexen und die NASA

Die weiten Felder und Wälder rund um den Magdalenenberg sind ein beliebtes Naherholungsgebiet. Der Magdalenenberg selbst zeigt sich dabei als flacher, gleichförmiger Hügel und wirkt auf den ersten Blick wenig spektakulär. Ein Team von Wissenschaftlern grub erstmals 1890 einen Tunnel zu dieser heiligen Stätte, weil man dort einen Grabschatz vermutete. Der war aber schon geplündert.

Wie die Kelten rund 600 vor Christus im Schwarzwald gelebt haben, erfährt man durch die archäologischen Funde, die im nahe gelegenen Franziskanermuseum ausgestellt sind. Dort kann man die riesige Holzgrabkammer des Keltenfürsten besichtigen. Dass trotz der Plünderung Funde da sind, liegt an den anderen Gräbern.

In den 1970er Jahren nahm man sich den Hügel nämlich noch einmal sehr gründlich vor und trug die kompletten 33.000 Kubikmeter ab. Dabei stieß man auf 136 kleinere, aber unversehrte Grabstätten. Kunstvoller Schmuck, verzierte Dolche, Trinkbecher und sogar Rasiermesser bargen die Archäologen. Die aufwendige Gräberanlage und der riesige Berg, den die Kelten in jahrzehntelanger Arbeit aufgebaut hatten, wurde in unserer Zeit mit Hilfe von Baggern ruckzuck aufgegraben, ausgewertet und wieder zusammengeschoben. Und obwohl kein Stein auf dem anderen geblieben war und alles analysiert wurde, behielt die Stätte ihr größtes Geheimnis. Bis zum Jahr 2011.

Nachdem man festgestellt hatte, dass die Anordnung der Gräber um den Grabhügel ein frühkeltisches Kalenderwerk darstellt, lieferte die NASA mit modernster Computertechnik den damaligen Stand der Sternbilder. Dadurch konnte man die gesamte Anlage exakt auf das Jahr 618 vor Christus datieren. Zuvor war man auch schon nah dran, man ging von 616 vor Christus aus. Die 136 Gräber sind nach nördlichen Sternbildern und dem Mondzyklus angeordnet. Bei Stonehenge in England orientierten sich die Kelten an dem Sonnenzyklus.

Adresse Franziskanermuseum, Rietgasse 2, 78050 Villingen-Schwenningen | **Öffnungszeiten** Di – Sa 13 – 17 Uhr, So, feiertags 11 – 17 Uhr | **Anfahrt** A 81, Ausfahrt Villingen-Schwenningen auf die B 27, auf die B 33 nach Villingen fahren. Zum Magdalenenberg: Am Ende der Straße Am Warenberg in Villingen kann man parken und geht von dort aus einfach weiter. Halten Sie sich an den Waldrand, dann können Sie den Magdalenenberg nicht verfehlen. | **Tipp** Eishockeyfreunde sollten sich die Atmosphäre bei einem Heimspiel der Schwenninger Wild Wings nicht entgehen lassen. Der Zweitligist spielt im Helios-Stadion.

VOGTSBURG-OBERBERGEN

104 Die Bassgeigenkurve
Runder Abgang in Deutschlands schönster Kurve

In Oberbergen spielt der Wein die erste Geige. Über 400 Familien leben im Herzen des Kaiserstuhls von den Reben – und für sie. Diese große Winzergenossenschaft bearbeitet rund 325 Hektar Fläche. Das sinnlichste Anbaugebiet ist wohl die Bassgeige. Denn hier braucht man kein Liebhaber edler Weine zu sein, um dieser Kulturlandschaft etwas abgewinnen zu können. Durchmisst man die schönen Weinberge von Oberbergen aus in Richtung Kiechlinsbergen, kommt man nach steilem Aufstieg zu einem Aussichtspunkt, an dem die Namensgebung für ein berühmtes Tröpfchen klar wird. Von oben sieht die Landschaft wie eine große Bassgeige aus.

Dieser besondere Weinberg gehört zum Reich von Fritz Keller. Der Gastronom, Weinbauer und Hotelier in Personalunion stößt mit seinen unkonventionellen Vermarktungsstrategien nicht nur auf Gegenliebe. Bei Liebhabern der Gourmetküche aber steht er hoch im Kurs. Seit 1969 hält der »Schwarze Adler« den Michelin-Stern fest in seinen Krallen. Wer sich dort einfach »einen guten Wein« bringen lassen möchte, kommt in Schwierigkeiten. Die Weinkarte umfasst 2.400 Wahlmöglichkeiten. Als Alternativen zur Sterneküche gibt es die gemütlichen Straußen. Dass der Wein hier auch schmeckt, versteht sich von selbst. Nur gut, dass man nach so viel Schlemmerei in der Umgebung wandern kann.

Liebhaber unberührter Natur kommen auf ihre Kosten, denn unmittelbar an die Weinhänge schließen sich auf 137 Hektar mehrere Naturschutzgebiete an. Außergewöhnlich daran sind die großen Wiesenflächen, die sich einladend in weithügeliger Landschaft am Badberg und am Haselschacher Buck erstrecken. Vom Frühjahr an findet der Naturliebhaber dort zahlreiche teils seltene Wildblumen. Die Trockenrasen-Biotope sind durch das mediterrane Klima der Gegend zustande gekommen. Am Fuß des Badberges liegt eine heilkräftige Quelle. Hier kann der Wanderer das ganze Jahr über abtauchen, denn das Wasser hat immer 21 Grad.

Adresse 79235 Vogtsburg-Oberbergen | **Anfahrt** Die Bassgeigenkurve ist Bestandteil der Verbindungsstraße von Oberbergen nach Kiechlinsbergen, die eingefasste Quelle des Badberges auf halber Strecke zwischen Oberbergen und Vogtsburg. | **Tipp** Das einzige Korkenzieher Museum in Deutschland präsentiert in der historischen Mittelstadt von Burkheim, das wie Oberbergen ebenfalls ein Ortsteil von Vogtsburg ist, mehr als 800 Korkenzieher (www.korkenzieher.de).

VÖHRENBACH

105 Die Talsperre
Eine Wand unter Denkmalschutz

»Ein wiedererstandenes technisches Baudenkmal von nationaler Bedeutung« nennt die Stadt Vöhrenbach im Tal der Breg ihre Linachtalsperre. Tatsächlich steht diese sogar unter Denkmalschutz, weil sie einmalig in Deutschland ist.

Die Stadt hat die Talsperre zwischen 1920 und 1922 erbaut, um günstige Energie gewinnen zu können. 1969 hat ein Energieversorger 300.000 Mark geboten, wenn man die Energiegewinnung einstellen würde und stattdessen langfristige Lieferverträge einginge. Das Geschäft lief ab, die Talsperre blieb stehen, weil man sich die Abrisskosten sparen wollte. In den 1990er Jahren wandelte sich aber das Umweltbewusstsein. Eine Bürgerinitiative kämpfte darum, die Talsperre wieder zur Energiegewinnung zu nutzen. Tatsächlich war alles noch da, auch die drei Turbinen, die seit den 1940er Jahren im Einsatz waren und auch heute wieder Strom generieren. Vorher allerdings musste die Staumauer komplett saniert werden.

Die 25 Meter hohe und 143 Meter lange Talsperre besteht aus Beton. Sie ist die einzige Gewölbereihenstaumauer in Deutschland. Man kann sich das so vorstellen, dass zahlreiche, nach unten breiter werdende Betontonnen aneinander aufgestellt sind. Diese Gewölbeform ist aufwendig, aber stabil. Die Staumauer ist begehbar, und auch drumherum wurden Wanderwege angelegt, weil sich Vöhrenbach neben der Energiegewinnung auch touristisches Potenzial verspricht.

Mittlerweile kann Vöhrenbach etwa 40 Prozent des gesamten Energiebedarfs im Städtchen und den drei Stadtteilen Hammereisenbach-Bregenbach, Langenbach und Urach sowie 89 weiteren Ansiedlungen aus eigener Kraft stillen. An der Linachtalsperre entstehen rund 1,2 Millionen Kilowattstunden im Jahr, an acht weiteren Wasserkraftwerken zusammen noch einmal 1,1 Millionen. Vöhrenbach rechnet gern vor, dass durch den selbst erzeugten Ökostrom jährlich mehr als zwei Millionen Kilogramm CO_2 eingespart werden.

Adresse Linachstraße, 78147 Vöhrenbach | **Anfahrt** an der L 172/L 180 in die Linachstraße in Richtung Fuchsloch/Linach | **Tipp** Von der Geschichte des Orchestrionbaus in Vöhrenbach zeugt neben den noch erhaltenen Fabrikationsgebäuden der verschiedenen Musikautomatenhersteller auch ein im Rathaus (Friedrichstraße 8) aufgestellter Automat.

106 — Freistaat Enkendorf
Klein, aber fein

Auf der kleinen Terrasse vor dem Café Enkendorf sitzen ein paar Enkendörfler in der Sonne und trinken Bier, einen Tisch weiter werden die riesigen und weit über die Grenzen Wehrs bekannten Kuchen verputzt. Das Café ist eines der Zentren im Freistaat Enkendorf, einem zur Stadt Wehr gehörenden Zinken, der mittlerweile am Werk der Novartis liegt. Wer vom Pharmaunternehmen aus nach Enkendorf abbiegt, findet am Ortseingang ein respektgebietendes hölzernes Schild, das die »Staatsgrenze« markiert. »Freistaat Enkendorf« steht da unter einem wild wirkenden Gehörn. Dabei sind die Enkendörfler gar nicht so wild, sondern verfügen einfach über ein großes Zusammengehörigkeitsgefühl. Das hat mit der kleindörflichen Struktur zu tun, die sich trotz aller Veränderungen und Zugezogenen im Kern erhalten hat. Gut integrieren können sich Neuankömmlinge, indem sie sich für den Freistaat engagieren. Dann saugen die Enkendörfler auch gern etwas von der neuen Kultur ein.

Joachim Onderka ist so ein Neuankömmling, der den Freistaat prägt. Der gebürtige Münchner hat schon auf dem Schulweg den Geruch von Maische in der Nase gehabt. In Enkendorf fing er an, ein Bier für den Freistaat zu brauen. Zuerst unter freiem Himmel, seit 2010, nach Erteilung des Biersegens, im eigenen Sudhaus. Das steht direkt unterhalb des Anwesens Glattackerweg 1, dem Geburtshaus des Malers Adolf Glattacker. Hier verbringt der Braumeister seine freie Zeit. Gab es zunächst nur das »Enkendörfler Saufaus«, ein süffiges, helles Lagerbier, kam nun eine zweite Sorte dazu: »Enkendörfler Volldampf«. Auf den Etiketten der selbst abgefüllten Flaschen sind nicht nur die Konterfeis von Enkendörfler Originalen zu sehen, es prangt auch die Bezeichnung »Freistaatsbier« darauf.

»Letztlich«, so erklärt es ein Enkendörfler, »war das mit dem Freistaat ein Spaß.« Einer, der ihnen bis heute gefällt.

Adresse Café Enkendorf, Wuhrstraße 23, 79664 Wehr | **Anfahrt** von der B 34 zwischen Rheinfelden und Bad Säckingen auf die B 518 abbiegen, Ausfahrt in die Öflinger Straße, links in die Enkendorfstraße | **Öffnungszeiten** »solange etwas los ist« | **Tipp** Wenn die »Enkendörfler-Hausbräu«-Brauerei am ersten Freitag des Monats gegen 18 Uhr die Fahne am Sudhaus hisst, wissen die Freistaatler, dass das Bier fertig ist. Wer zuerst kommt, mahlt zuerst. Jeden Monat werden nur 430 Liter produziert.

107 — Café Inka
Ein glanzvoller Wandbehang

Hebt man den Blick vom Kuchenteller und greift ganz gefangen in genießerischem Nachschmecken zu seinem Tässchen Kaffee, kann man im Café Inka in Ötlingen schon mal ins Grübeln geraten, ob in dem hausgebackenen Kuchen nicht auch Rauschstoffe verarbeitet sein könnten. Man sitzt in einem Raum, den man gemeinhin »Schwarzwaldstube« nennen könnte, niedrig und mit kleinen Kreuzfenstern. Das Auge bleibt aber staunend an den Wänden hängen. Ein wahres Kino tut sich da auf, ein Comicstrip aus längst vergangener Zeit. Ringsherum ist in blau-goldenen Bildern das Leben der Inka auf Tapete dargestellt. In Paris wurde sie 1819 aufwendig hergestellt. Dieses exotische Thema galt als der »Dernier Crie«, letzter Schrei der damaligen Zeit.

Zu Tage gefördert wurde das Wandbild in einer Abstellkammer bei der Renovierung des Hauses, das mitten im Dorfzentrum des Weiler Ortsteils Ötlingen liegt. Die Hausherren erkannten die Dimension ihres Fundes und richteten ein Café ein, um das Kunstwerk der Öffentlichkeit zugänglich zu machen. Berater und Restaurator war Lutz J. Walter, auf dessen Referenzliste sich das Café Inka fast niedlich ausnimmt, tut er doch zumeist Dienst in Schlössern und fürstlichen Gemächern. Gut, Schillers Tapeten in dessen Gartenhaus in Jena nahm er sich ebenfalls an, aber die waren schließlich vom Dichterfürsten Goethe gesandt – und damit geadelt.

Der Wirt des damaligen Ochsen in Ötlingen hat selbst die Initiative ergriffen und sich den kostspieligen und kapriziösen Wandschmuck aus Paris kommen lassen. Ein Roman von Jean Francois Marmontel diente den französischen Tapetenmachern als Vorlage für das Ötlinger Kunstwerk. Ob der Ochsenwirt diesen Roman kannte oder einfach einen Drang zum mondänen Luxus mit exotischem Motiv verspürte, ist nicht überliefert. Der Tapete sieht man aber nach fast 200 Jahren leider an, dass der Zahn der Zeit schon daran genagt hat.

Adresse Dorfstraße 95, 79576 Weil am Rhein-Ötlingen | **Anfahrt** von Weil auf der B 3 Richtung Eimeldingen, nach der Ortsausfahrt Haltingen rechts nach Ötlingen | **Öffnungszeiten** Di – Sa 12 – 18 Uhr | **Tipp** Ötlingen hat mit viel öffentlich gezeigter Kunst und guter Gastronomie einiges zu bieten.

108 Das Rosendorf
Ideen muss man haben ...

Den Bewohnern eines kleinen, abgelegenen Dörfchens auf der Hochfläche des Hotzenwalds kam eine dufte Idee, um den Tourismus anzukurbeln. 1968 holten sie sich die ersten 8.000 Rosen nach Nöggenschwiel. Mittlerweile sollen es über 20.000 Rosenstöcke sein. Im Dorfkern war schon bald nicht mehr genug Platz. Da schafften sich die Nöggenschwieler neue Bepflanzungsmöglichkeiten mit dem 36 Kilometer langen »Rosenwanderweg«.

Seit 2008 steht das Rosendorf sogar im Dienste der Wissenschaft: Auf der Hochebene werden über 180 Sorten dekorativ auf Frosttauglichkeit geprüft. Planer der 1.500 Quadratmeter großen Anlage im Herzen des Dorfes ist Josef Raff, Gartendirektor a. D. der Blumeninsel Mainau.

Das Rosendorf zieht mittlerweile auch zu Unzeiten Touristen an, die dann allerdings etwas ratlos am Ortseingang herumstehen. Man könnte den Eindruck gewinnen, die Nöggenschwieler seien ganz froh über diese naturgegebene Begrenzung der Attraktion ihres Heimatortes. Denn außerhalb der Blütezeit muss der Tourist eben unverrichteter Dinge wieder fahren. Da findet sich nur ein schlichtes Schildchen an der Touristeninformation mit der Bitte um Verständnis, dass die Rosen gerade eine Pause einlegen. Man möge doch in ein paar Wochen wiederkommen. Oder zum großen Rosenfest, das über drei Tage jedes Jahr im Juli stattfindet. Der Eröffnungstag beginnt mit einem Rosenmarkt und gutem Essen und klingt mit einem klassischen Konzert aus. Der große Festumzug am Sonntag lockt Tausende Zuschauer ins Dorf und ist traditioneller Höhepunkt. Da ist es selbstverständlich, dass es analog zu den Weinköniginnen des Markgräflerlands auch die Nöggenschwieler Rosenkönigin geben muss.

Nach dem Riesentrubel liegen die Dorfbewohner nicht auf der faulen Haut. Überall wird weiter gewerkelt. Es wird gegraben und umrandet, damit neue Beetkompositionen Platz finden, die im kommenden Jahr wieder faszinieren sollen.

Adresse 79809 Weilheim-Nöggenschwiel | **Anfahrt** von der B 500 zwischen Waldshut und Feldberg abbiegen Richtung »Rosendorf« Nöggenschwiel auf die K 6556 | **Tipp** Im Dorfgeschäft »Lädele« gibt es eine echte Nöggenschwieler Spezialität: feines Rosengelee aus echten Nöggenschwieler Duftrosen, mit dem man die Eindrücke des Rosendorfes zu Hause noch etwas nachklingen lassen kann.

WEISENBACH

109 _ Katz GmbH & Co. KG
Der größte Bierdeckelhersteller der Welt

Haben Sie schon einmal einen schönen Bierdeckel als Andenken mitgehen lassen? Die Chancen stehen gut, dass der in Weisenbach hergestellt wurde. Die Gemeinde schmiegt sich an den Ufern der Murg entlang. Der Ort gewann mehrfach beim Wettbewerb »Unser Dorf soll schöner werden«. In dieser Idylle ist seit Langem eine besondere Katze zu Hause. Den Grundstein für die »Katz-Dynastie«, den Weltmarktführer für Bierdeckel, legte 1716 Johann Georg Katz mit einem Sägewerk.

1903 stellte Casimir Otto Katz den ersten Bierdeckel her. Den hatte er zwar nicht selbst erfunden, aber am besten zu vermarkten gewusst. Seither ging es rasant bergauf mit dem Unternehmen. Maschinelle Erfindungen verhalfen zu stetig wachsendem Erfolg und steigender Stückzahl. 1930 konnten 30.000 Bierdeckel pro Tag hergestellt werden. Ab 1969 waren es bis zu einer Million pro Tag, bis Katz in den wirtschaftlich turbulenten 2000er Jahren unterging.

Die neuen Besitzer behielten den Namen und die dazugehörige Raubkatze im Firmenlogo bei und setzen seither voll auf »Öko« mit ihrer Firmenphilosophie. Der neuste Clou ist der »Grüne Bierdeckel«. Er besteht nur noch aus Produktionsabfällen. Die Pappe wird ökologisch mit eigener Wasserkraft hergestellt. 2010 kam eine Wärmerückgewinnungsanlage hinzu. Die Drucke auf den Bierdeckeln strahlen mit mineralölfreien Farben.

Sogar vor dem Firmentiger machte die korrekte Überzeugung nicht halt. Das Unternehmen leistet sich eine »Tigerpatenschaft« an einem weißen Prachtexemplar. Ökologisches Bewusstsein geht hier wieder Hand in Hand mit Erfolg: Bis zu neun Millionen Bierdeckel am Tag können die rund 160 Beschäftigten herstellen. Die ganze Gruppe 3,5 Milliarden im Jahr. Zumeist sind es Großaufträge. Aber ab 5000 Stück werden auch private Bierdeckelträume wahr. Die reichen dann für die nächsten paar Geburtstagsfeiern. Und wenn einer eingesteckt wird, hat man immer noch genug über.

Adresse Hauptstraße 2, 76599 Weisenbach | **Anfahrt** A 5, Ausfahrt Rastatt-Nord auf die B 462 über Gaggenau und Gernsbach | **Öffnungszeiten** Führungen für Gruppen auf Anfrage möglich | **Tipp** Wahrzeichen der Gemeinde Weisenbach und ortsbildprägendes Element ist die Wendelinus-Kapelle, die auf einem Felsvorsprung auf der linken Murgseite von Weisenbach steht. Sie zählt zu den ältesten Baudenkmälern des Landkreises (Anfang 15. Jahrhundert).

WOLFACH

110 Die Mineralienhalde der Grube Clara

Wer sucht, der findet

Im Schwarzwald wartet so manche Überraschung. Einige davon sind unterirdisch zu finden, und so zeugen zahlreiche Besucherbergwerke von der Vergangenheit als Bergbauregion. Heute ist nur noch ein einziges Bergwerk im gesamten Schwarzwald aktiv, die Grube Clara in Oberwolfach. Dort gewinnt die Firma Sachtleben im Untertagebau die Industrieminerale Schwerspat und Flussspat. Jährlich werden so etwa 80.000 Tonnen Schwerspat und 70.000 Tonnen Flussspat aus dem Erdreich geholt. 13 Kilometer weiter in Wolfach befindet sich die Aufbereitung der Roherze.

Für Mineraliensammler waren die dortigen Halden lange Zeit ein Ort, wo sie gern ihrem Hobby frönten. Da mehr als 400 Mineralien, darunter auch extrem seltene, in der Grube gefunden werden, bestand eine gute Chance, die Sammlung um besondere Exponate zu ergänzen. Dafür durfte man auf das Betriebsgelände und die Halden untersuchen. Erst verschärfte Sicherheitsanforderungen sorgten dafür, dass das Unternehmen umdachte. Ein Sammler wäre beinah unter einer Ladung Schwerspat verschüttet worden.

Die Sammler mussten seit 2007 draußen bleiben, dafür hat man aber nebenan die Mineralienhalde Grube Clara errichtet, wo zig Lkw-Ladungen Haldenmaterial abgeladen werden, die dann von den Mineralogen durchwühlt werden können. Die richtigen Sammler waren damals erbost darüber, mit »Idiotenhügeln« abgespeist zu werden, aber diese Wogen haben sich längst geglättet. Heute tummeln sich auf der täglich mit neuem Material beschickten Mineralienhalde professionelle Sammler neben Familien mit Kindern, die ihre Schätze suchen. Etwa dreimal im Jahr dürfen die Mineralienfreunde auch auf die großen Halden der Grube. An diesen Tagen wimmelt es nur so von internationalen Sammlern in Wolfach, besonders, wenn gleichzeitig noch das Festival der Kristalle stattfindet.

Adresse Kirnbacher Str. 3, 77709 Wolfach | **Anfahrt** B 33, bei Gutach Turm von der B 33 in die Kirnbacher Straße abbiegen, dieser bis zum Ortsteil Kirnbach folgen, dort links in Richtung Wolfach. Die Mineralienhalde liegt etwa 300 Meter hinter dem Kirnbacher Ortsende. | **Öffnungszeiten** April – Okt. Mo – Sa 9 – 17 Uhr; 1. Juli – 9. Sept. auch So 10 – 17 Uhr | **Tipp** Selbst in ein Bergwerk einfahren kann man im Besucherbergwerk Wenzel in Oberwolfach. Und eine aufregende Mineraliensammlung gibt es im Mima, dem Museum für Mineralien und Mathematik (Schulstraße 5, 77709 Oberwolfach).

111_ Die Porzellanfabrik
Wo sich Hahn und Henne Gute Nacht sagen

Den Weg zurück aus der Massentierhaltung haben »Hahn und Henne« aus Zell am Harmersbach gefunden. Dabei wäre ihnen um ein Haar der Hals umgedreht worden. Billigprodukte aus China und beständige Wechsel in der Chefetage und bei der Produktausrichtung machten aus dem Traditionsunternehmen »Zeller Keramik Manufaktur« einen Bankrottkandidaten.

Davon ist aktuell nichts mehr zu spüren. Dank neuer »Landbewegung« auf dem Zeitschriftenmarkt und der Rückbesinnung auf Qualitätsproduktion boomt das Geschäft der feinen Tischkultur wieder.

Die »alten Renner« sind nicht nur etwas für das hauseigene Museum. Das schnörkelige »Favorite«, das sonnige »Hahn und Henne« und das zarte »Alt Straßburg« sind über 100 Jahre alte Dekore. Sie wurden allesamt von der Künstlerin Elisabeth Schmidt-Pecht aus Konstanz entworfen und liegen wieder voll im Trend. Neue Linien im »Toskana-Stil« bis hin zur Öko-Linie, deren Erfinder natürlich aus Freiburg kommen, haben sich dazugesellt. So kostbar wie vor 100 Jahren ist echtes Porzellan zwar nicht mehr, aber das Stöbern im Werksverkauf kann sich dennoch auszahlen. Und wer kleinste Abweichungen in Form und Dekor verkraftet, der macht mit der Kategorie »zweite Wahl« wirkliche Schnäppchen dieser mittlerweile wieder von Hand bemalten Keramiken. Ganz Kreative dürfen selbst den Pinsel schwingen. Unter Anleitung fachkundiger Damen entsteht so eine Tasse nach Vorlage eines Zeller Dekors. Sogar eigene Kreationen können umgesetzt werden. Ein paar Tage später kommt die Tasse fertig gebrannt mit der Post nach Hause.

Bei einem Bummel durch die historische Altstadt mit Wallfahrtskirche gelangt man an die »obere Fabrik«, die noch einen imposanten Keramikrundofen beherbergt. Das Innere dieser alten, stillgelegten Fabrik aus dem 19. Jahrhundert kann man nur mit einer Gruppenführung besichtigen, die der »Historische Verein Zell am Hamersbach« organisiert.

Adresse Hauptstraße 2, 77736 Zell am Harmersbach | **Anfahrt** A 5, Ausfahrt Lahr oder Offenburg, bei Biberach auf die L 94 nach Zell am Harmersbach | **Öffnungszeiten** Werksverkauf mit Keramikmuseum täglich 9 – 17.30 Uhr. Keramik-Malen bis 16.30 Uhr; Jan. – März So, feiertags 11 – 16 Uhr | **Tipp** Im Storchenturm-Museum sind auf 800 Quadratmetern über 3.000 Einzelstücke ausgestellt, darunter Porzellan aus Zeller Produktion. Ein Unikat ist das Orchestrion »Zamba«. Zudem gibt es einen einzigartigen »Basler Totentanz« aus 42 Terrakotta-Figuren.

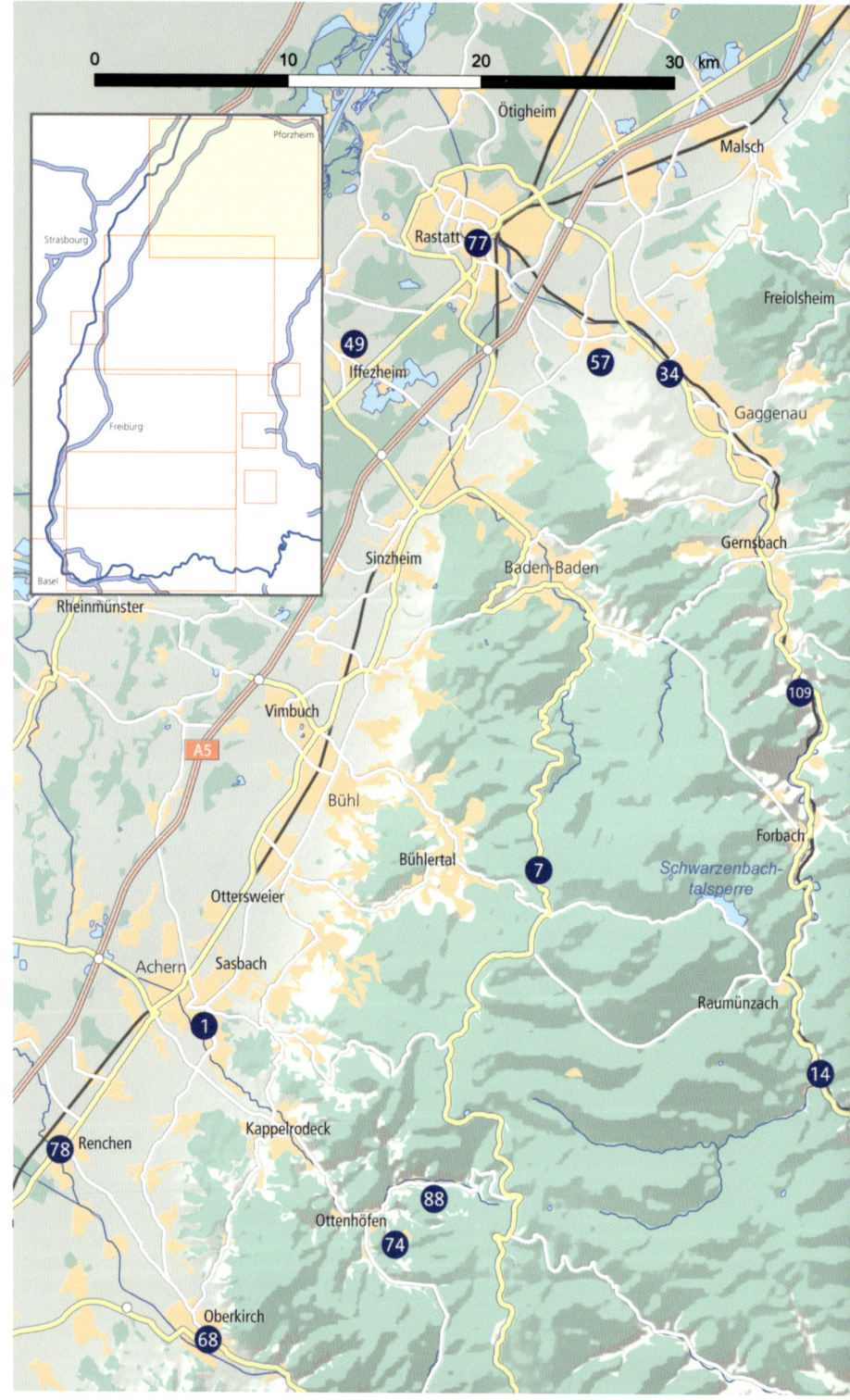

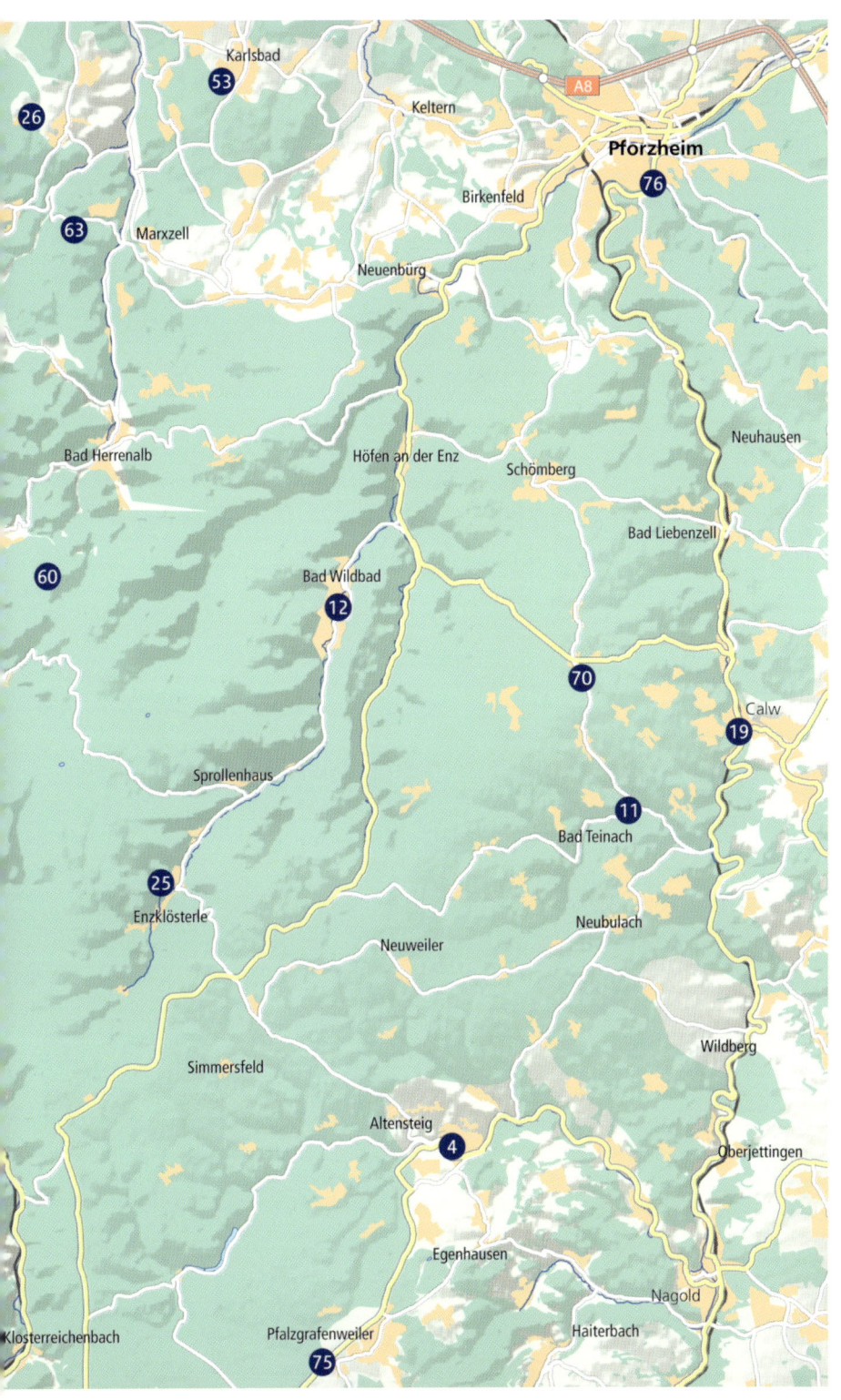

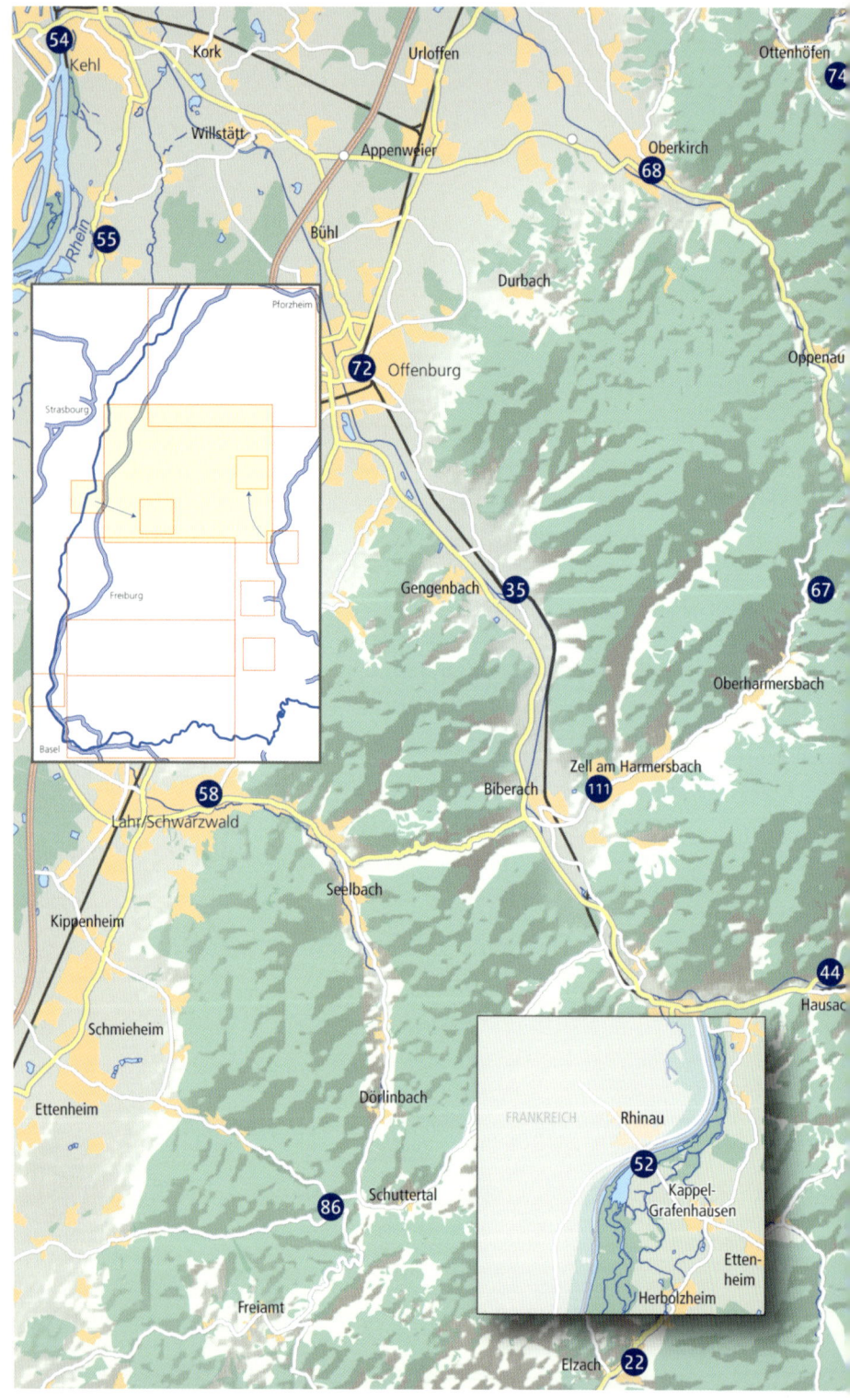

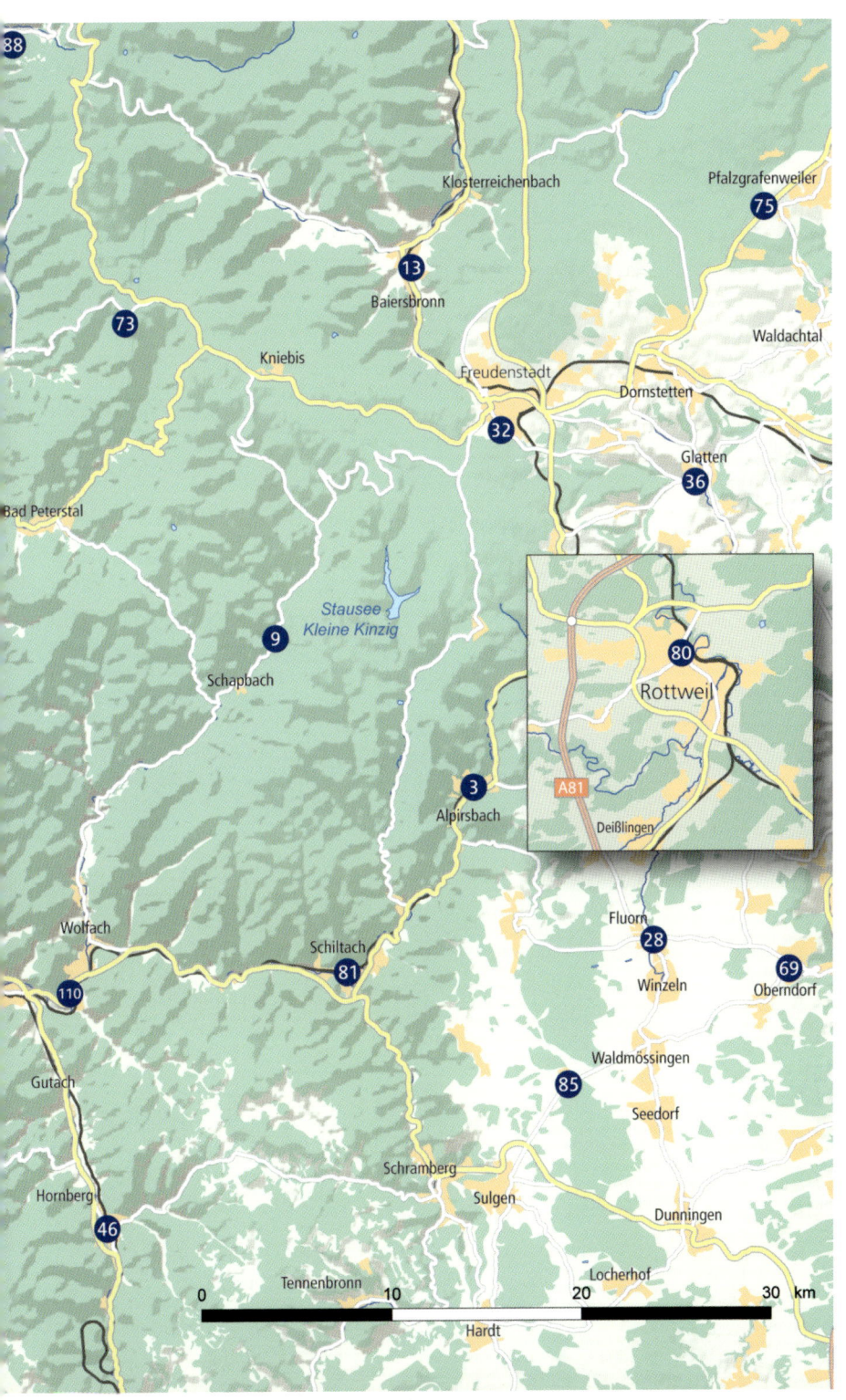

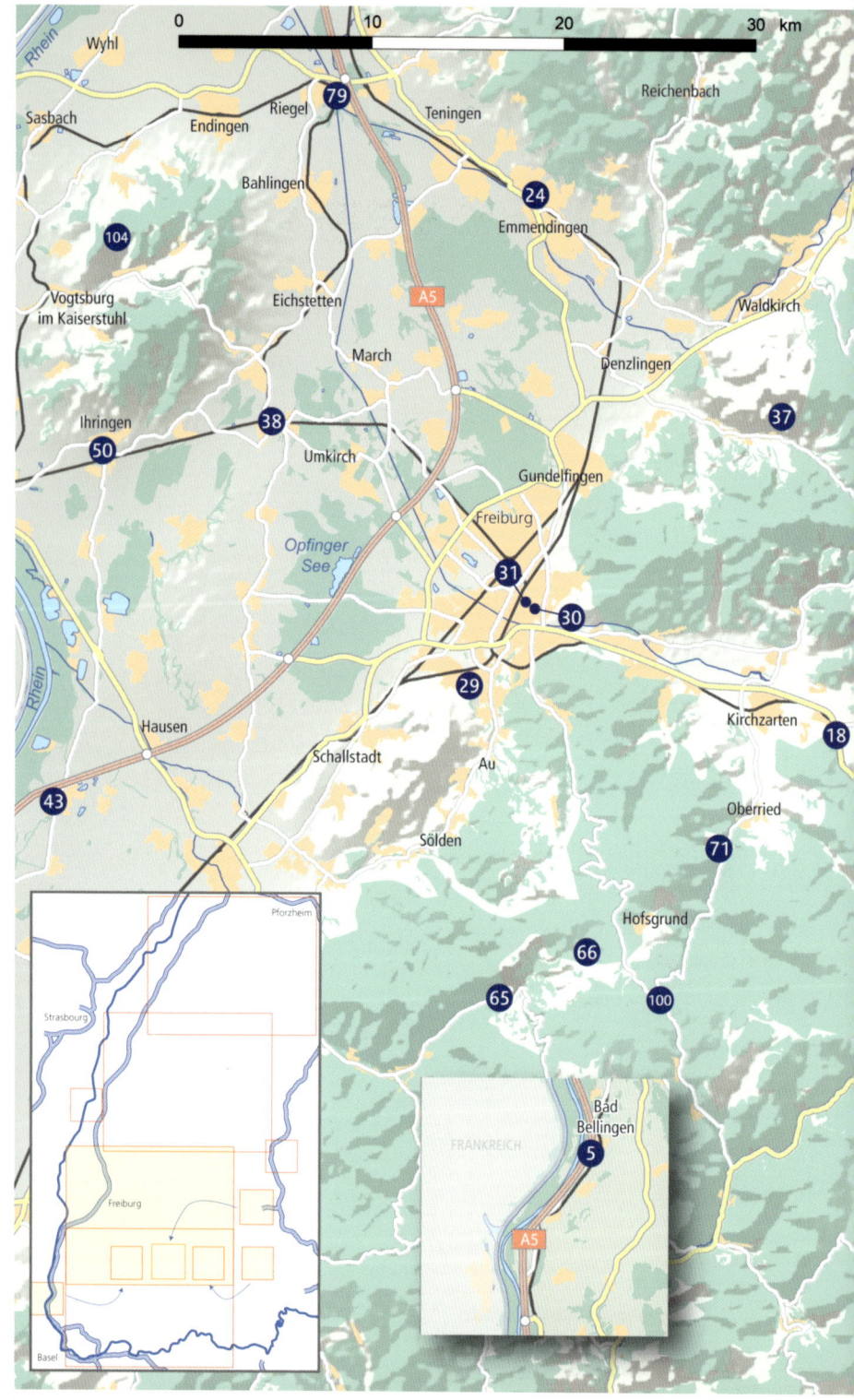

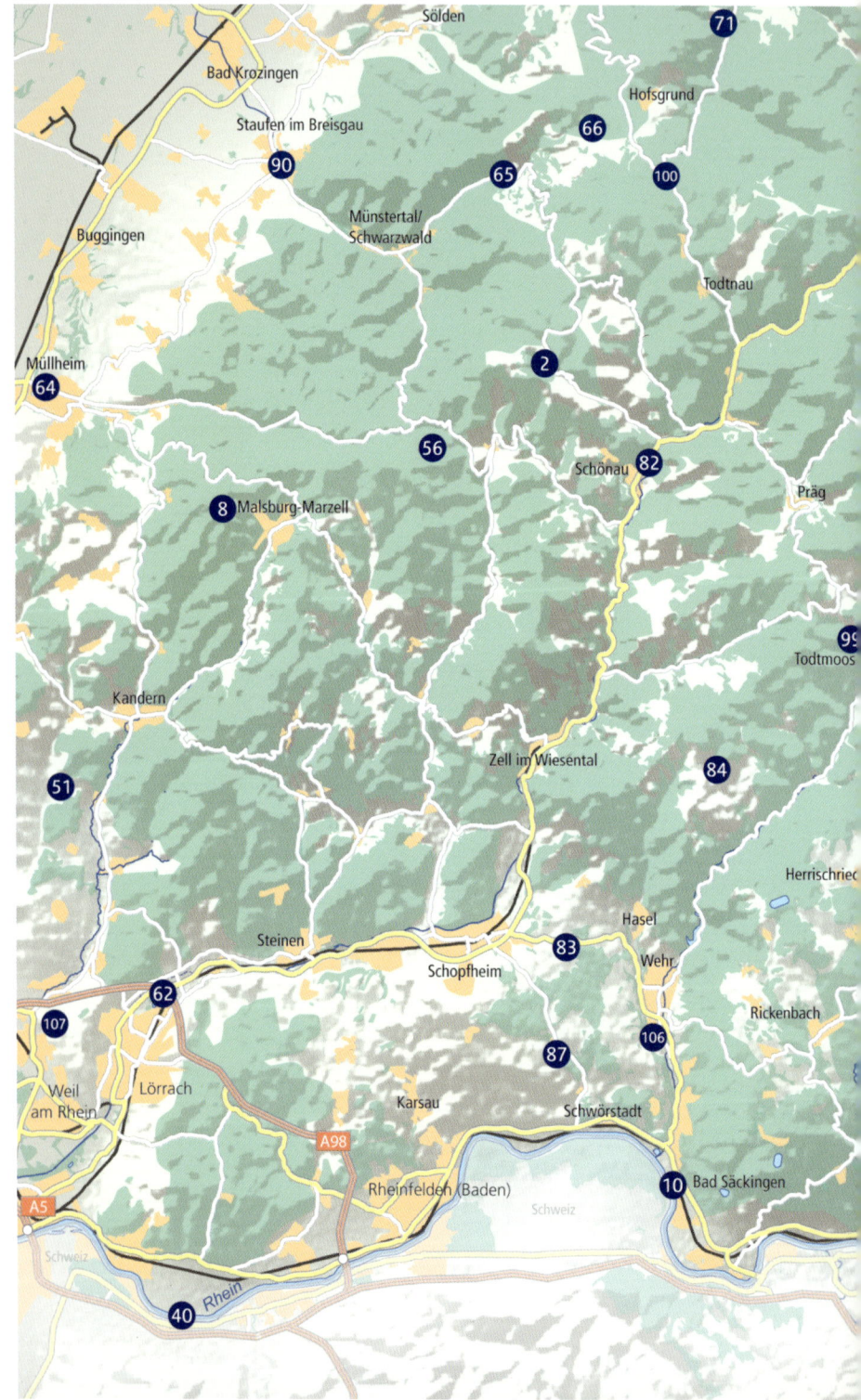

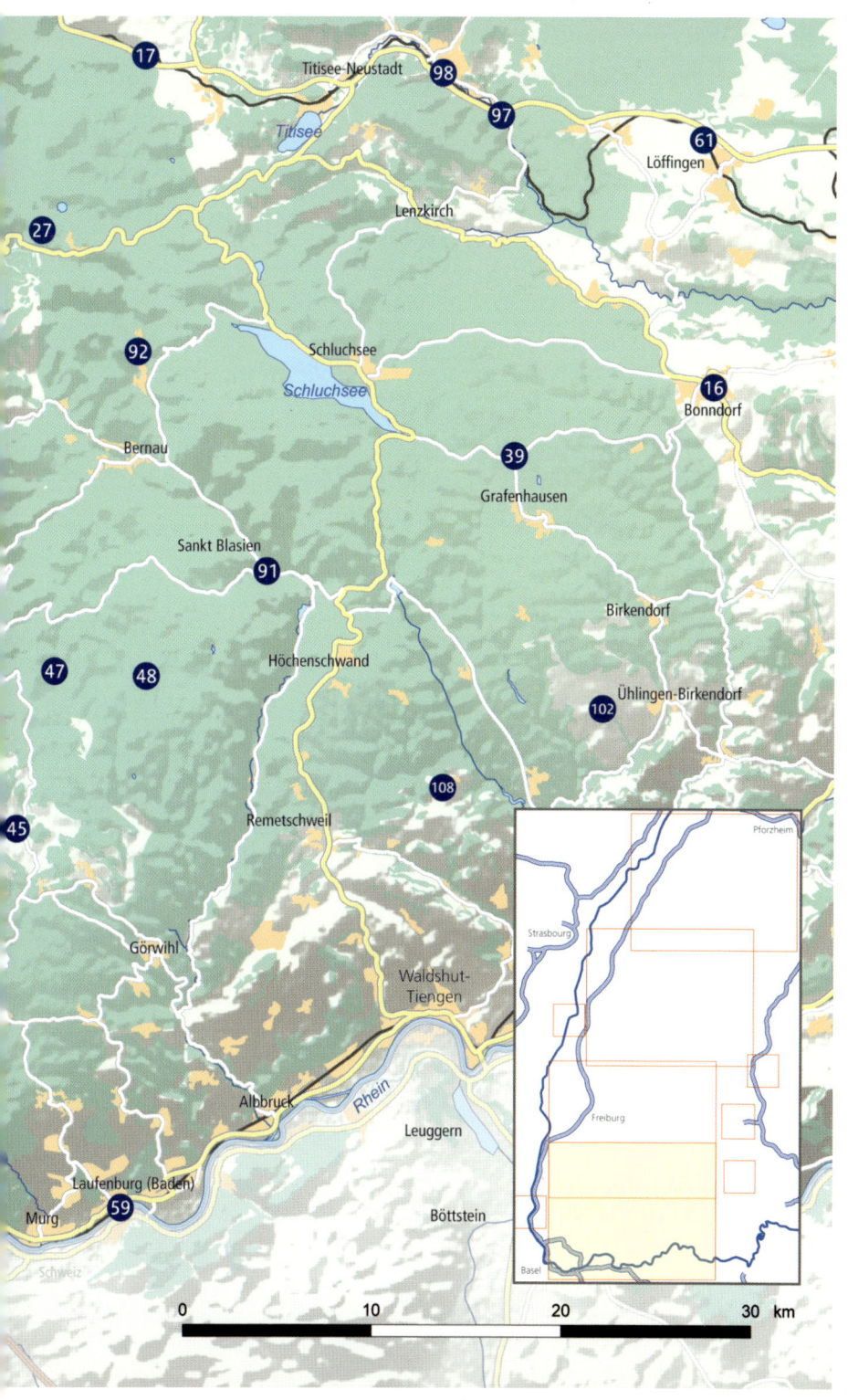

Bildnachweis

Alle Fotos von Ralf H. Dorweiler, außer
Seite 43: Bildarchiv Drubba GmbH; Seite 65: Foto Dorweiler, Logo: Bonifatiuswerk; Seite 69: Universitätsarchiv Freiburg; Seite 73: Bild oben: Karl-Heinz Kuball; Seite 75: Deutsches Uhrenmuseum – Hochschule Furtwangen, Wecker mit Musikwerk, Fichter, Villingen, um 1960, Inv. 2009 - 098; Seite 79: Gengenbach Kultur- und Tourismus GmbH, Foto D. Wissing; Seite 81: Bild oben: Verein Naturerlebnisbad Glatten e.V.; Seite 101: Bild oben: DURAVIT AG; Seite 135: Daniela Greis, Islandpferde-Gestüt Wiesenhof; Seite 163: Gunther Seibold, www.kirchbau.de; Seite 171: Stadt Schiltach im Schwarzwald; Seite 179: Bild oben: »Jesus mit den sechs Wasserkrügen« von Raul Castro Rios, copyright: bhf-media, Bild unten: Verlag Fink; Seite 193: gemeinfrei; Seite 197: Alfred Schwär, St. Märgen; Seite 213: Ferienregion Rothauser Land; Seite 227: Bild oben: Katz GmbH & Co. KG

Die Autoren

Daniela Bianca Gierok (Texte) wurde 1973 im Ruhrgebiet geboren, wo sie schon früh erste journalistische Erfahrungen für die WAZ machte. Statt in die Redaktion zog es sie nach Köln, wo sie Jazz- und Operngesang studierte. Die Diplomsängerin konzertiert in ganz Deutschland, am liebsten aber im Schwarzwald – der zur geliebten Heimat geworden ist.

Ralf H. Dorweiler (Texte und Fotos), geboren 1973 im Taunus, studierte in Köln Theater-, Film- und Fernsehwissenschaft, bevor es ihn in die freie Wirtschaft und schließlich zum Schreiben zog. Seine beliebte Schwarzwald-Krimireihe hat mittlerweile Bestseller-Status erreicht. Im Hauptberuf ist er Redakteur bei einer badischen Tageszeitung und kann vom Schwarzwald gar nicht genug bekommen.

Das Ehepaar lebt seit zehn Jahren in Südbaden. Statt in die Ferne zieht es die beiden Bassetliebhaber mit ihren Hunden auf zahlreichen Wochenendfahrten zu den schönen und auch skurrilen Orten des größten Mittelgebirges Deutschlands, des Schwarzwalds.

Von Ralf H. Dorweiler sind bisher diese badischen Krimis erschienen:

»Zum Kuckuck!«, ISBN 978-3-89705-890-3
»Sauschwobe!«, ISBN 978-3-89705-759-3
»Badische Blutsbrüder«, ISBN 978-3-89705-683-1
»Schwarzwälder Schinken«, ISBN 978-3-89705-608-4
»Ein Teufel zu viel«, ISBN 978-3-89705-518-6
»Mord auf Alemannisch«, ISBN 978-3-89705-470-7